사진과 그림으로 보는 음식의 역사

우리는 무열 먹고 살았을까?

사진과 그림으로 보는 음식의 역사
우리는 무얼 먹고 살았을까?

발행일 2004년 7월 9일 초판 1쇄 발행
2005년 9월 10일 초판 2쇄 발행
지은이 김 왕 기
그린이 지 현 경
펴낸이 이 성 훈
펴낸곳 (주)도서출판 청솔
주소 경기도 파주시 교하읍 문발리 출판문화정보산업단지 507-7
등록 1988년 5월 30일 제 312-2003-000047 호
전화 031)955-0351~0354 **팩스** 031)955-0355
홈페이지 http://www.chungsol.co.kr
전자메일 chungsol@chungsol.co.kr

책값은 표지 뒷면에 있습니다
ISBN 89-7223-241-6

사진과 그림으로 보는 음식의 역사

우리는 무엇 먹고 살았을까?

김왕기 글 / 지현경 그림

청솔

머리말

사람이 사는 데 가장 기본이 되는 게 뭘까요? 바로 입는 것, 먹는 것, 자는 것이에요. 그럼, 그 중에서도 가장 중요한 것은 무엇일까요?

온 가족이 둘러앉아 맛있게 식사하는 장면을 떠올려 보아요. 고슬고슬한 밥, 보글보글 끓는 찌개, 그리고 여러 가지 반찬들……. 아빠는 빨갛고 매운 김치를 맛있다며 드시고 엄마는 뜨거운 국을 시원하다고 말씀하시고, 동생은 계란말이와 햄만 먹는다고 엄마한테 꾸지람을 듣기도 하지요. 하지만 가족 모두는 정답게 대화를 나누며 즐거운 식사를 합니다.

그런데 옛날 옛적에는 과연 무얼 먹고 살았을까요?

원시인들도 지금의 우리처럼 하얀 쌀밥을 먹고 살았을까요? 아니면 매일 고기만 먹고 살았을까요, 야채만 먹고 살았을까요? 음료수는 물만 있었을까요? 과자나 군것질거리는 있었을까요? 생각해 보면 궁금한 점 투성이에요.

우리가 매일 먹는 김치는 언제부터 먹었을까요? 우리가 좋아하는 초콜릿이나 아이스크림은 언제 생겼을까요? 라면, 피자, 껌은 또 언제부터 먹었을까요? 불고기피자나 라이스버거 같은 음식들은 어떻게 생겨난 걸까요?

TV를 통해 굶어서 뼈만 앙상하게 남은 아프리카 소말리아의 어린이들을 본 적이 있죠? 지금 세계 인구의 1/6인 10억 명이 먹을 게 없어서 굶고 있다는 사실, 알고 있나요?

그에 비해 여러분은 아주 행복한 거예요. 그렇다면 과연 미래에는 이런 굶주림을 어떻게 해결할 수 있을까요? 그것이 가능할까요?

또 미래에는 어떤 음식들을 먹고 살게 될까요? 달나라 여행도 가고 화성과 목성 여행도 갈 수 있는 날이 온다면, 그때에도 지금과 똑같은 음식을 먹고 살까요? 이 책은 이런 모든 궁금증들을 풀어 주기 위한 책이랍니다.

여러분이 이 책을 읽고 나면 친구들에게 자신있게 재미있는 음식 이야기를 해 줄 수 있는 음식 박사가 될 거예요. 음식에 대한 상식도 풍부해질 거구요. 또 이 책을 하나씩 하나씩 차근차근 읽어가는 동안, 저절로 우리나라의 역사에 대해서도 많이 알게 될 거랍니다.

하지만 호기심을 해결하는 데에만 그쳐서는 안 돼요. 여러분이 앞으로 자라서 선생님이 되든지, 회사원이 되든지, 과학자가 되든지, 공무원이 되든지, 또 예술가가 되든지, 어떤 사람이 되더라도 앞으로 우리 모두가 평화롭고 풍족하게 먹고 살 수 있도록 생각해 보고 실천하도록 노력하는 사람이 되어야 해요.

자, 이제 여러분들이 몰랐던 재미있는 음식 이야기들을 시작해 볼까요?

한 장 한 장 차분히 넘기면서 우리 선조들의 지혜도 함께 배워 보자구요.

지은이 김왕기

차례

1. 원시 시대 사람들은 무얼 먹고 살았을까?
– 석기 시대의 음식 생활

바로 따서 먹는 열매	12
조개는 최고의 식사	13
도구를 이용한 사냥	13
원시 시대의 집	14
불을 발견한 원돌이	15
원돌이 아버지의 사냥법	17
농사를 짓기 시작한 신석기 사람들	19
신석기 시대의 중요한 두 가지	20
식량의 저장과 삶아 먹는 요리의 등장	21

2. 단군 할아버지의 밥상을 살펴보자!
– 청동기 시대의 음식 생활

단군 할아버지는 무엇을 드셨을까?	24
신비의 콩으로 만드는 우리의 된장국	26
쌀밥의 첫 출현	27
우리나라 최초의 즉석 식품	28
고조선 사람들의 군것질	28
최초의 숟가락	29
낙랑공주와 호동왕자는 무엇으로 밥을 먹었을까?	30
젓갈은 밥도둑	31
일본 사람들에게 전수한 벼 농사법	33

3. 김유신 장군도 요구르트를 먹었을까?
— 삼국 시대의 음식 생활

해외에까지 이름을 떨친 고구려 양념 불고기	36
김유신 장군도 즐겨 먹던 요구르트	39
김치는 언제부터 먹었을까?	40
삼국 시대의 김치 맛	41
고춧가루의 두 가지 비밀	42
계백 장군도 배추김치를 먹었을까?	43
향긋한 나물 이야기	44

4. 왕건은 무엇을 먹고 살았을까?
— 고려 시대의 음식 생활

바닷가재 요리보다 비싼 국수	48
제갈공명의 사람 머리 모양 만두	49
차를 즐겨 마시고 쌈을 즐겨 먹던 고려인	51
고려 청자와 다방	52
귤은 고려의 명물 과일	53
설렁탕의 유래	54
최영 장군은 소주파!	55

5. 홍길동은 무엇을 먹고 살았을까?
– 조선 시대의 음식 생활

세종 대왕과 홍길동의 밥상	58
상물림	60
녹차 대신 막걸리?	61
주막의 성행	61
밥을 대신하던 고마운 죽	62
배고픔에서 탈출하라! 구황 음식	64
서양 음식의 전래	66
신나는 명절 음식	68

6. 김두한은 어떤 음식을 즐겨 먹었을까?
– 근·현대의 음식 생활

물을 팔던 북청 물장수	76
추억의 보릿고개	77
둘이 먹다 하나가 죽어도 모르는 떡	78
장군의 아들이 좋아했던 빈대떡	82
과자와 사탕, '속 빈 강정?'	83
시간 가는 줄 모르고 뜯어먹던 말고기 육포	83
인스턴트 식품 시대	84
이젠 밥도 슈퍼에서 사 먹는 시대	87
불고기피자, 김치햄버거, 갈비버거, 고추장햄의 인기	89
김치도 퓨전 요리	90
국경 없는 음식 시대	91

7. 메텔은 어떤 음식을 먹고 살까?
– 미래의 음식 생활

세계의 식량 위기	94
캡슐밥 한 알로 한 달을 버틴다?	95
공중 음식과 사이버 별미식의 등장	95
멋으로 즐기는 맛, 사회적 지위로 즐기는 맛	96
향수로 즐기는 음식, 끄떡 없는 음식점들	96
밥이 약이다! 약과 음식의 결합	98
진시황제의 불로장생 음식이 실현된다!	98
화성 스테이크, 달 음료의 등장	100

음식박물관 찾아가기

◆ 궁중 유물 전시관 ◆

- 위치 : 서울시 중구 정동 5-1
- 전화번호 : (02) 771~9951
- 개관시간 : 09:00~18:00 (3월~10월)
             09:00~17:30 (11월~2월)
- 휴관일 : 매주 월요일 (궁중 유물 전시관, 창덕궁)
           매주 화요일 (경복궁, 창경궁, 종묘)
- 소장자료 : 궁중 식생활, 의생활 등과 관련된 유물
- 관람료 : 어린이 무료

◆ 풀무원 김치 박물관 ◆

- 위치 : 서울시 강남구 삼성동 159번지 COEX mall 지하 2층
- 전화번호 : (02)6002~6456
- 개관시간 : 10:00~17:00 (화요일 ~토요일), 13:00~17:00 (일요일)
- 휴관일 : 매주 월요일, 신정, 구정 연휴, 추석 연휴, 성탄절
- 소장자료 : 김치의 역사와 관련된 유물
            다양한 김치의 종류
            김장 담그기 모형
            김치 만드는 과정
            김치의 발효 및 효능에 관한 자료 등
- 관람료 : 어린이 1,000원

원시 시대 사람들은 무얼 먹고 살았을까?
- 석기 시대의 음식생활 -

    인간이 지구상에 처음 나타난 것은 지금으로부터 약 200만 년 전의 일이에요. 물론 그때의 사람들은 원숭이처럼 몸에 털도 많았고, 지금처럼 똑바로 서서 걷지도 않았어요. 그 후 오랜 세월이 흐른 후 지금 우리와 비슷한 모습을 한 사람들이 등장하게 돼요. 이 시대를 우리는 원시 시대라고 부릅니다.
    원시 시대는 동물들이 푸른 초원을 뛰어다니고 맑은 공기로 가득했던 평화로운 시대였지만, 이 시대를 살았던 사람들은 먹을 것을 구하기 위해 아침부터 밤까지 무척이나 힘든 노력을 해야 했답니다.

바로 따서 먹는 열매

아무런 도구가 없었던 원시 시대 사람들이 제일 먼저 먹기 시작한 것은 식물의 열매나 뿌리였답니다. 배가 고프면 눈에 가장 쉽게 띄던 산과 들판의 나무 열매나 식물 뿌리를 바로 따거나 캐서 먹었지요. 참 편했겠다고요? 하지만 우리의 생각과 달리, 그건 쉬운 일이 아니었답니다. 주변의 과일을 모두 따 먹고 나면 장소를 옮겨야 했고, 날씨가 추워지면 열매는 열리지 않았으니까요.

그럴 땐 어떻게 했을까요? 그냥 쫄쫄 굶었을까요? 아니에요. 바로 이런 이유 때문에 사람들은 강가나 바닷가에 모여 살게 된 거랍니다.

조개는 최고의 식사

강가나 바닷가에서는 영양가 많은 흙 때문에 나무에 달린 열매의 수도 많았고, 물고기를 쉽게 잡을 수 있기 때문에 사람들은 강가나 바닷가에 모여 살게 되었어요. 열매나 물고기 말고도 쉽게 잡을 수 있던 조개는 이 시대 사람들에게 가장 인기 있는 음식이었지요.

그래서 원시인들이 살았던 곳에는 먹고 버린 조개껍질이 산더미처럼 쌓이게 되었는데, 이것을 바로 조개무지(패총)라고 한답니다. 지금도 그 흔적이 발견되곤 하지요. 하지만 만약에 과일도 모두 떨어지고 조개도 다 구워 먹어서 먹을 것이 없었다면, 그땐 어떻게 했을까요?

도구를 이용한 사냥

원시 시대 사람들은 물 속의 물고기뿐만 아니라 멧돼지나 곰, 사슴, 노루 같은 동물들을 직접 잡으러 다녔어요. 몸집이 작거나 달리는 속도가 느린 동물은 잡기가 편했지만 힘이 세거나 몸이 날렵한 동물들은 맨손으로 잡기 어려웠지요. 그래서 돌을 쪼개 날카롭게 만들어 사냥할 때 도구로 사용했답니다.

그때 쓰던 돌무기나 돌연장에는 주먹도끼, 찍개, 긁개, 돌망치, 돌칼 등이 있어요. 가끔은 돌 대신 동물의 뼈를 갈아서 무기를 만들기도 했지요.

이 시대를 구석기 시대라고 부른답니다. 지금으로부터 약 1만 년~250만 년 전이니까 까마득하게 먼 옛날이죠?

◀ 뗀석기
구석기 시대 사람들이 사냥에 필요한 무기와 일상 도구로 사용한 석기. '타제석기'라고도 합니다.

원시 시대의 집

원시 시대 사람들은 처음에 동굴 속에서 가족 단위로 모여 살았어요. 하지만 사람이 살기 좋은 동굴을 구하기란 쉽지가 않았지요. 그래서 사람들은 시간이 흐르면서 따뜻한 햇볕이 내리쬐는 곳에 '집'을 짓기 시작했답니다.

이때의 집은 동물의 가죽을 이어서 만든 가죽천막집이었어요. 우리가 흔히 아는 큰 텐트 같은 모양이라고 생각하면 되는데, 원시인의 가죽천막집은 밑바닥이 없고, 옆과 위만 가릴 수 있는 집이었지요. 중간중간에 나무로 기둥을 세우고 가죽을 겹겹이 덮어 추위나 더위를 피할 수 있게 만들었답니다.

가죽천막집의 한쪽 구석에는 돌연장으로 일을 할 수 있는 작업대가 있고, 가운데에는 모닥불을 피우는 자리가 있어서 가족이 모두 모이면 낮에 잡아 온 짐승들을 모닥불에 구워 먹었어요. 이 시대에 짐승을 잡아 와서 불에 익혀 먹었던 흔적은 세계 다른 곳에서도 발견할 수 있는데, 우리나라는 함경북도 선봉군에서 그 흔적을 찾아볼 수가 있답니다.

불을 발견한 원돌이

구석기 시대의 원시인, 원돌이네 뒷산에 산불이 났어요. 원돌이는 산을 야금야금 잡아먹고 있는 시뻘건 괴물이 너무 무서워서 도망쳤지요.

불이 다 꺼진 후 원돌이가 산에 갔을 땐 불에 타 죽은 토끼, 다람쥐들이 잔뜩 있었어요. 까맣게 되긴 했지만 토끼나 다람쥐는 부모님도 잡아 오기 힘든 귀한 것이라서 그냥 두고 오기가 정말 아까웠지요.

'이렇게 까맣게 되어 버린 토끼 고기도 먹을 수 있을까?'

원돌이는 토끼의 뒷다리 부분을 조금 떼어 조심스레 입에 넣어 보았습니다. 그런데 지금까지 전혀 먹어 보지 못한 아주 맛있는 고기 맛에 깜짝 놀랐어요.

원시 시대 사람들은 무얼 먹고 살았을까?

불에 탄 동물들을 들고 집으로 간 원돌이는 이런저런 사정을 부모님께 이야기했어요. 원돌이의 부모님도 그 맛에 놀랐지요. 평소에 무섭게만 여겼던 불이 그렇게 맛있는 고기를 만들어 준다니 신기하기만 했답니다.

그날 이후, 산불이 나면 원돌이네는 그 불씨를 조심스럽게 동굴로 옮겨 왔어요. 그리고 온 가족이 돌아가면서 불씨가 꺼지지 않도록 살피는 데 정성을 다했지요. 자칫 잘못해서 불씨를 꺼뜨리는 사람은 심한 벌을 받기도 했답니다.

그 불에 사냥해 온 산짐승을 구워 바비큐를 해 먹고, 조개나 땅에서 주운 도토리도 구워 먹었어요. 조개를 불에 올려 놓고 기다리면 애써 나뭇가지로 입을 벌리지 않아도 저절로 입이 탁 벌어져 편리했을 뿐만 아니라, 고소한 맛도 일품이었지요. 그리고 불에 음식을 구워 먹은 이후로는 음식을 먹고 나서 배가 아픈 적도 거의 없었어요.

이때가 초기 구석기 시대, 즉 지금으로부터 약 60만 년~40만 년 전이에요. 불을 사용하게 되면서 사람들은 더 맛있는 요리를 먹을 수 있게 되었고 조리법도 발달하기 시작했을 뿐만 아니라, 건강도 지킬 수 있었지요.

우리나라에도 구석기 시대 때 불을 사용한 흔적이 남아 있는데, 그 중의 하나가 평양의 '검은 모루 동굴'이라는 곳이랍니다.

원돌이 아버지의 사냥법

원돌이가 살았던 구석기 시대의 우리나라에는 어떤 동물들이 살고 있었을까요? 놀라지 마세요.

그때에는 원숭이뿐만 아니라 코끼리, 큰쌍코뿔소도 살고 있었어요.

그 외에도 물소, 곰, 승냥이, 멧돼지, 들쥐, 습들쥐, 사향노루, 사슴, 누렁이, 큰뿔사슴, 들소, 산양 등 여러 가지 동물들이 살고 있었답니다. 지금은 살지 않거나 없어진 동물들이 참 많지요?

이 중에서 원돌이가 음식으로 먹었던 동물은 토끼, 노루, 사슴, 산양, 멧돼지, 큰곰, 동굴곰, 검은돼지, 큰쌍코뿔소, 물소, 들소 등이었어요. 사냥하기가 힘들어서 아주 가끔씩만 먹을 수 있었던 코뿔소 바비큐는 원돌이가 제일 좋아하는 음식이었답니다.

그러면 원돌이 아버지는 이런 동물들을 어떻게 사냥했을까요?

◆ 창던져 잡기 ◆

멀리서 돌창이나 찌르개 같은 무기를 던져서 사냥하는 방법으로, 노루나 사슴처럼 잘 달리는 동물을 사냥하는 데 썼습니다.

◆ 활 쏘아 잡기 ◆

돌로 만든 화살촉을 끝에 매단 나무 화살을 쏘아서 사냥하는 방법입니다. 날아다니는 새처럼 몸놀림이 빠른 동물 사냥에 필요했지요.

◆ 몰아서 잡기 ◆

코끼리나 곰처럼 덩치가 큰 동물을 잡는 데 사용한 사냥법이에요. 한쪽에서 여러 사람들이 짐승을 쫓고, 쫓는 방향 쪽에 미리 땅을 파서 함정을 만들어 놓아요. 그러면 도망가던 짐승이 함정으로 빠져서 잡히고 만답니다. 몰이사냥을 할 때는 개들을 데리고 다니며 횃불로 덩치가 큰 짐승을 겁주기도 했답니다.

농사를 짓기 시작한 신석기 사람들

농사를 짓기 시작한 게 뭐 그리 대단한 일이냐구요? 하지만 그 당시로서는 아주 획기적인 일이었답니다.

그 전까지만 하더라도 원시 시대 사람들은 자연 속의 음식물, 즉 과일, 야채, 동물, 새, 조개, 물고기 등을 찾아 돌아 다니며 얻었는데, 이제 한 장소에서 음식물을 길러 낸다니 정말 대단한 생각이 아닐 수 없었지요.

원시 시대 사람들은 사는 곳을 계속 옮겨 다녀야만 했기 때문에 제대로 된 튼튼한 집을 지을 수도 없었어요.

그런데 지금으로부터 약 1만 년 전쯤인 신석기 시대가 열리면서 변화가 생기기 시작했지요. 자, 이제 신석기 시대 이야기를 해 볼까요?

신석기 시대의 원시인 신돌이는 과일을 따서 맛있게 먹고는 땅에 씨를 뱉었어요. 그리고 콩을 먹으면서 몇 알 떨어뜨리기도 했지요.

그러다가 먹을 게 떨어지면 다른 곳으로 이사를 가고, 또 다른 곳으로 이사를 가고 했지요.

그런데 시간이 흐른 후 다시 원래 자리로 돌아와 보니 과일 씨를 뱉었던 곳에는 과일나무가, 콩을 떨어뜨렸던 곳에서는 콩이 자라고 있지 뭐예요? 이것을 발견한 똑똑한 신돌이는 곰곰이 생각하더니, 다시 전처럼 해 보았어요.

이번에는 과일 씨와 콩을 땅에 묻었지요.

그러자 시간이 지난 후, 정말로 열매를 얻을 수 있었답니다.

씨를 심어서 난 열매를 따면서부터는 식량을 찾아 이사를 갈 필요가 없어졌고, 한 자리에서 오래 살 수가 있었답니다. 이렇게 해서 마침내 농사를 짓는 시대가 열린 거랍니다.

신석기 시대의 중요한 두 가지

　신석기 시대에 조, 수수, 기장 등의 작물을 처음으로 재배하며 농사가 시작됐어요. 따라서 농기구의 종류도 많아지고, 농사 기술이 점점 발전했지요.
　또 돌화살촉을 끼운 화살과 활이 발명되어 하늘을 나는 새들도 잡을 수 있게 되었어요.
　신석기 시대의 중요한 특징은 '석기의 사용'과 '토기의 발명'이랍니다.
　이때의 석기를 간석기, 즉 '마제석기'라고 하는데, '돌을 갈아서 만든 석기'라는 뜻을 가지고 있어요.
　간석기는 구석기 시대와 마찬가지로 돌로 만든 도구이긴 하지만, 약간 다른 점이 있지요.
　구석기 시대의 석기는 돌을 깨서 날카롭게 깨진 면을 이용한 것이었다면, 신석기 시대의 석기는 깨진 돌 끝을 원하는 모양으로 갈아서 더욱 날카롭게 만든 것이었기 때문에 훨씬 더 섬세했고, 그 종류도 많았지요.
　이런 도구는 대부분 전쟁이나 사냥을 할 때, 그리고 농사를 지을 때 쓰였고, 그 종류로는 간돌검, 간돌도끼, 간돌화살촉 등이 있답니다.
　토기는 흙으로 빚은 후, 불로 구워서 단단하게 만든 그릇을 말해요. 요즘 쓰는 항아리나 도자기도 넓게 보면 모두 토기라고 할 수 있지요.
　그때의 토기는 지금의 항아리나 도자기와는 모양이 많이 달랐는데, 대부분 밑이 뾰족했고 토기의 바깥에는 빗금이 그어져 있었답니다. 옆으로 선이 그려져 있다고 해서 이 토기를 '빗살무늬 토기'라고 하지요.
　그런데 이 토기는 어떤 용도로 쓰였을까요?

식량의 저장과 삶아 먹는 요리의 등장

 토기는 식량을 저장하기 위해서 만들어진 거랍니다.
 농작물을 재배하기 시작하면서부터 거둬들인 농작물을 오랫동안 보관해 두어야, 필요할 때마다 조금씩 먹을 수 있으니까요.
 토기를 사용하면서 또 달라진 게 있어요. 이전에는 음식을 불에 구워 먹는 조리법만 있었는데, 그릇이 생기면서 물과 농작물, 고기, 생선 등을 함께 넣어 삶아 먹는 요리가 등장한 것입니다.
 음식들을 삶아 먹으니 곡물들의 떫은 맛이 없어지고 고기의 살은 먹기 좋게 부드러워졌으며, 음식에 국물도 생겨 맛도 좋고 여러 사람이 함께 먹기에도 좋았답니다.

◀ 간돌도끼
돌을 갈아서 만든 신석기 시대의 도끼로, 우리나라에서는 기원전 5천 년을 전후로 하여 간돌도끼가 처음으로 사용되었습니다.

◀ 빗살무늬토기
신석기 시대의 토기로 토기의 겉면에 빗 같은 무늬새기개를 이용해 기하학적 무늬를 그려 만든 토기.

▲ 간돌검
농경과 정착 생활이 일반화되는 신석기 시대가 되면서 돌도끼의 사용이 증가되고, 나무를 가공하기 위한 각종 목공구가 필요했을 것으로 짐작됩니다.

> **이건 몰랐지?** 곰 발바닥의 비밀은 바로 오른 발바닥과 벌침!

흔히 사람들은 미련한 동물이라고 하면 가장 먼저 곰을 떠올리지요. 그런데 곰의 발바닥이 훌륭한 요리 재료가 된다는 사실, 혹시 알고 있었나요?

중국의 '광둥'이라는 곳은 반달곰을 맛있게 요리하기로 유명한 곳으로, 곰 요리가 산해진미 중 으뜸이라고 해요.

요리의 재료로 반달곰의 발바닥을 쓰는데, 여기에도 '미련한 곰'의 특성이 잘 나타나 있어요.

원래 곰은 어린싹과 잎, 나무 뿌리를 먹거나 풍뎅이, 개미, 기타 벌레들과 유충들, 물 속의 가재나 작은 물고기를 잡아먹으며, 새들의 어린 새끼나 알도 찾아 먹지요. 그 중에서도 특히 꿀을 좋아해서 신선한 꿀벌의 벌집을 발견하면 벌에 쏘이는 한이 있어도 꿀벌과 꿀을 통째로 먹는답니다. 이 사실은 곰 발바닥, 특히 오른쪽 발바닥 요리와 아주 깊은 관련이 있어요.

그 이유는 곰이 앞발을 들고 서서 오른쪽 발로 벌통을 먼저 툭툭 쳐서 벌을 쫓을 때 벌침에 많이 쏘이기 때문이래요. 오른쪽 발바닥이 영양분 있는 벌침에 쏘여 그게 몇 년간 계속 쌓이면서 그 부위가 로열젤리 못지않은 영양가 있는 식품으로 변하게 되는 것이라고 합니다. 따라서 곰발바닥 요리 중 오른쪽 발바닥이 훨씬 인기가 좋은 거랍니다.

단군 할아버지의 밥상을 살펴보자!
- 청동기 시대의 음식생활 -

　단군 할아버지가 고조선을 세운 때는 지금으로부터 4300여 년 전인 기원전 2333년입니다. 이때부터 우리나라의 역사가 시작되었다고 해서 우리 역사를 '반만 년 역사'라고도 하지요.
　고조선 때는 청동으로 만든 도구를 사용했다고 해서 '청동기 시대'로 불립니다. 하지만 청동기는 주로 무기를 만들 때만 쓰였고, 농기구 같은 연장이나 생활 도구들은 여전히 돌로 만든 것이었답니다.

단군 할아버지는 무엇을 드셨을까?

　단군 할아버지는 불행히도 하얀 쌀밥을 드셔 보지 못했어요. 그때는 벼농사가 본격적으로 시작되기 전이었으니까요.
　벼가 있기는 했어도 그 양이 아주 적었기 때문에 조, 기장, 수수 등이 섞인 잡곡밥을 먹어야 했답니다. 그래도 영양가 하나는 무지 풍부했겠지요?
　그래도 고기 종류는 매우 다양했답니다.
　쇠고기, 돼지고기, 닭고기뿐만 아니라 노루, 사슴, 곰 그리고 말고기와 개고기까지 먹었지요.
　개고기라니, 매우 놀랍지요? 하지만 그 당시에는 개가 지금처럼 많은 사랑을 받는 애완동물이 아니었답니다.
　중국의 황제도 개고기를 먹었고, 중국의 성인으로 널리 알려진 공자도 개고기를 제사 상차림에 썼으니까요.
　사실 우리나라에서도 개를 요리로 해서 먹는 식생활 습관은 조선 시대까지 계속되었답니다.
　식사를 마친 후에는 후식으로 배만큼이나 큰 밤과 복숭아, 매실, 살구, 앵두, 배, 감, 포도, 석류, 호도 등 여러 종류의 과일도 먹고, 마지막으로는 맛 좋은 술도 한 잔 했답니다.
　흰 쌀밥이 고조선을 세우신 단군 할아버지도 못 드시던 귀한 음식인 줄은 정말 몰랐지요?

신비의 콩으로 만드는 우리의 된장국

이때쯤 우리나라 사람들에게 매우 중요한 일이 하나 생겨요. 그건 바로 콩의 재배예요. 콩은 '밭에서 나는 쇠고기'라는 말을 들은 적이 있지요? 그만큼 콩에는 단백질이 많다는 뜻이에요. 채식을 주로 했던 당시의 우리나라 사람들은 늘 단백질이 부족했어요. 그 부족한 단백질을 보충해서 영양을 균형 있게 해 주던 것이 바로 콩이었지요. 그래서 콩은 우리나라 사람에게 꼭 필요한 곡식이 되었어요. 게다가 콩은 우리나라가 원산지랍니다.

이때는 주로 밥에 콩을 섞어서 먹었는데, 가끔씩 배가 출출할 때는 콩떡을 만들어 먹기도 했어요.

콩은 단백질이 많은 곡식일 뿐만 아니라, 우리나라의 전통 음식 중의 하나인 된장국의 재료라는 점에서 매우 큰 의미가 있답니다.

우리 고유의 구수한 된장국을 만드는 된장에는 암을 방지하는 성분이 들어 있다고 해요. 된장의 재료인 콩은 정말 신비로운 곡식이지요?

▲ 밤콩

▲ 검정콩

▲ 누런콩

된장찌개 ▶

◀ 콩밥

〈콩의 종류와 콩으로 만든 음식〉

〈메주 만드는 과정〉

① 흙, 모래 등을 제거하며 콩을 고릅니다.

② 콩을 물에 불린 후 솥에 삶습니다.

③ 삶은 콩을 으깹니다.

④ 으깬 콩을 직사각형 모양으로 만든 후, 발효하여 건조시킵니다.

쌀밥의 첫 출현

　단군 할아버지가 고조선을 세운 지 1천 년 정도 흘렀을 때 비로소 벼농사가 본격적으로 시작되었어요. 지금처럼 쌀밥을 먹을 수 있게 된 것이지요.

　처음엔 중국에서 벼를 들여와 재배하기 시작했는데 그전에 있던 여러 잡곡과 함께 섞어 먹었어요. 그러니까 지금으로부터 3천 년 전부터 사람들이 밥을 먹을 수 있었다는 이야기지요.

　하지만 이때는 쌀이 많이 생산되지 않았기 때문에 주로 잡곡밥을 먹은 거랍니다.

◀ 탄화미
평양 남석구역 남경유적에서 출토된 청동기 시대의 곡물.

우리나라 최초의 즉석 식품

이때쯤 최초로 즉석 식품이 탄생했어요. 그것은 바로 콩이나 벼 낱알을 뜨거운 돌판에서 볶아낸 후 갈아서 만든 '미숫가루'랍니다.

미숫가루는 언제 어느 곳에서든 그냥 먹거나, 물에 타서 먹으면 훌륭한 식사를 대신해 주는 고마운 것이었지요. 아마 전쟁이 일어났을 때에도 미숫가루는 병사들에게 아주 요긴한 것이었을 거예요. 지금도 흔히 먹을 수 있는 미숫가루는 그야말로 역사가 깊은 즉석 식품의 원조라고 할 수 있지 않을까요?

고조선 사람들의 군것질

고조선 시대에도 지금처럼 군것질거리가 많이 있었을까요?

고조선 시대의 사람들은 짬이 날 때마다 가족들끼리 둘러앉아 군것질로 심심한 입을 달래곤 했다고 해요. 쉽게 먹을 수 있었던 것은 콩이나 밤을 잿불에 파묻어 구운 밤과 구운 콩이에요. 조금 더 정성을 들인 군것질거리로는 잡곡을 갈아 물과 반죽한 후, 뜨겁게 달군 돌 위에서 구운 것이 있었지요. 음식이 타지 않도록 돌에 멧돼지의 비계덩어리로 기름을 입힌 후, 그 위에 반죽을 올려 지져 먹었답니다. 이것이 바로 최초의 떡인 '전병'이에요. 지금도 어른들이 명절이면 '전 부친다'라고 하지요? 또 가끔은 토기에 곡물이나 조개, 나물 등을 물과 같이 넣고 푹 끓여서 먹었는데 이것이 바로 '죽'이랍니다.

또 콩을 물에 담가서 불린 후 끓여 만든 콩비지도 많이 먹었다고 해요.

▶ 밀전병

▲ 무문토기 (민무늬토기)
청동기 시대의 특징적인 토기로 신석기 시대에 유행하던 빗살무늬토기가 청동기 시대에 들어오면서 점차 사라지고 대신 무늬 없는 토기가 널리 사용되었습니다.

최초의 숟가락

　세계의 절반 정도의 사람들은 음식을 먹을 때 아무것도 사용하지 않고 그냥 손으로 집어먹는다고 해요. 이 사람들은 수저나 포크 등을 사용하지 않고 주로 오른손을 이용해서 음식을 집어 먹는데, 이것을 어려운 말로 '수식' 이라고 하지요.

　숟가락을 처음 사용한 사람들은 이집트인들입니다. 그때는 지금으로부터 약 4천 년 전으로, 이집트 문명이 크게 발달했던 시기지요. 하지만 그 당시에도 숟가락을 사용한 사람은 상류층 몇몇으로 소수였고, 대부분의 사람은 손으로 음식을 먹었지요. 고대 그리스 시대의 어떤 사람은 뜨거운 음식을 빨리, 그리고 많이 먹기 위해서 평소에 뜨거운 물에 손가락을 담갔다 뺐다 하는 연습을 하기도 했답니다.

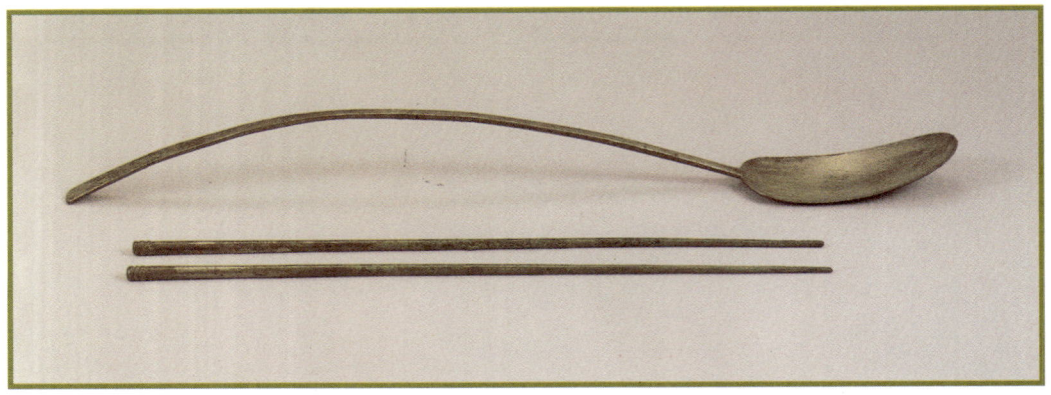
▲ 고대수저

낙랑공주와 호동왕자는 무엇으로 밥을 먹었을까?

그렇다면 우리나라의 낙랑공주와 호동왕자는 어땠을까요?
정답은 '숟가락과 젓가락으로 먹었다' 랍니다. 우리나라도 처음에는 손으로 음식을 먹다가 청동기 시대에 접어들면서 숟가락을 사용하기 시작했어요.
숟가락이나 젓가락을 사용하는 나라는 우리나라, 중국, 일본, 베트남 등 주로 유교를 믿던 나라들이었지요.
일본과 중국은 음식 재료나 식생활 습관의 특성 때문에 점점 숟가락 사용이 줄어들어 거의 젓가락만으로 음식을 먹게 되는 '젓가락 문화권'으로 바뀌었어요. 그래서 중국 사람은 국 먹을 때 말고는 거의 숟가락을 사용하지 않지요. 우리나라만이 완전하게 숟가락과 젓가락을 함께 사용하는 나라랍니다.
낙랑공주와 호동왕자 시절에도 일반 백성들은 그냥 손으로 먹거나 숟가락을 사용했는데, 신분이 높아질수록 숟가락과 젓가락을 함께 사용했어요. 낙랑공주와 호동왕자는 왕족이었기에 수저를 함께 사용했답니다.
어때요? 여러분은 문화의 상징인 젓가락 사용을 잘하고 있나요?

젓갈은 밥도둑

철기 시대는 지금으로부터 약 2천 4백 년 전부터 시작되었는데, 말 그대로 철로 만든 도구가 쓰였다고 해서 철기 시대라고 하지요.

이때부터 벼는 우리 식생활의 가장 중요한 작물이 되었어요. 쌀 생산량이 크게 늘어서, 많은 백성이 쌀밥을 먹을 수 있게 되었습니다. 철제 농기구가 널리 쓰이면서 농사 짓기가 매우 편해졌기 때문이지요.

이즈음 우리나라에는 밥도둑이 등장하게 되었는데, 밥도둑은 진짜 밥을 훔치는 도둑을 말하는 게 아니랍니다.

밥도둑이란 오징어젓, 청란젓, 게장, 꼴뚜기젓처럼 식탁에서 볼 수 있는 젓갈 반찬을 말하는 거예요. 어른들은 '다른 반찬이 없어도 젓갈 하나만 있으면 밥 한 그릇은 뚝딱 먹어 치운다'라고 말하잖아요. 젓갈처럼 입맛을 돋우어 밥을 많이 먹게 만드는 반찬을 '밥도둑'이라고 불렀답니다.

특히 고구려인들은 술 빚기, 장 담그기, 젓갈 담그기, 채소 절이기 같은 데 뛰어난 실력을 가지고 있었어요. 유목 민족인 고구려인이 용맹함으로만 유명한 줄 알았죠? 하지만 이렇게 다양한 음식 요리로도 소문난 민족이었답니다.

이 당시 고구려 바로 옆에 있던 옥저에서는 소금이 많이 생산되었기 때문에 그 소금을 고구려에 가지고 와 쉽게 장을 담글 수 있었던 거지요. 이 밥도둑은 적은 양이라도 충분한 반찬이 될 수 있었고, 또 오랜 시간 동안 저장해 놓고 먹을 수 있었기 때문에 아주 인기 있는 음식이었답니다.

중국에서도 이 젓갈을 얻어 가려고 많이 찾아왔다고 해요.

▲ 새우젓독

▲ 젓갈

◀ 새우젓
새우를 소금에 절여 만든 젓갈.

일본 사람들에게 전수한 벼 농사법

이때 중요한 또 하나의 사건이 있었어요. 우리 나라에서 벼의 재배가 활발하게 이루어지면서 자연스럽게 농사 기술도 많이 발달하게 되었는데, 이러한 농사 기술이 일본까지 건너갔다는 사실이지요. 지금으로부터 약 2300년 전의 일이에요. 기술만 가르쳐 준 게 아니라 우리나라 사람이 일본으로 건너가 직접 벼재배를 하면서 기술을 가르쳐 주었지요. 그곳이 바로 일본의 북큐슈입니다. 당시의 일본은 석기 시대였는데, 벼농사 기술과 함께 청동기, 철기 문화를 받아들이면서 본격적으로 일본 문화를 만들어 가기 시작한 거지요. 일본의 음식 문화를 잘 살펴보면 일본 고유의 것 말고도 우리나라 중국의 영향을 받은 것도 꽤 많답니다.

> **이건 몰랐지?** 2천 4백 년 전 우리나라에 압력밥솥이 있었다!

우리나라는 기원전 4세기경부터 철기 문화가 시작되었어요.

철기 문화는 철이 생산되었던 경상남도를 중심으로 발달되었지요.

철기 문화가 시작되면서 철로 된 도구가 많이 만들어졌고 일본에까지 전해지게 되었는데, 또 하나 중요한 사실은 무쇠솥이 생겼다는 거예요.

신기하게도 무쇠솥은 지금의 압력밥솥과 거의 똑같은 기능을 한답니다. 무쇠솥의 뚜껑은 매우 무거워서 밥을 할 때 솥을 꽉 누르게 되어 물이 잘 증발되지 않고, 바닥이 두꺼워서 밑부분도 빨리 타지 않았어요. 그래서 무쇠솥으로 밥을 하면, 밥이 골고루 지어질 뿐만 아니라, 쫄깃하고 맛있게 되었답니다.

게다가 우리나라 사람들은 밥 짓는 기술이 특히 뛰어났어요. 많은 양의 밥을 할 때에는 쌀을 하루 전에 불려 두었고, 밥을 되게 하려면 처음부터 끝까지 센 불에 밥을 하는 등 경험에 의한 기술을 많이 가지고 있었습니다. 우리나라 사람들의 밥 짓는 솜씨가 외국에까지 널리 알려져서 외국의 책에도 기록될 정도였다니, 정말 대단하지요?

김유신 장군도 요구르트를 먹었을까?
― 삼국 시대의 음식 생활 ―

　삼국 시대에는 본격적으로 벼가 재배되기 시작했지만, 쌀밥보다는 조, 수수, 보리, 콩 등으로 지은 잡곡밥을 더욱 많이 먹었습니다. 따라서 이런 잡곡들을 이용한 식품들이 발달하게 되었지요. 특히 간장, 된장, 젓갈, 술 등 발효시켜 만든 식품이 가정의 필수 식품으로 자리잡게 되었답니다.

해외에까지 이름을 떨친 고구려 양념 불고기

고구려 하면 가장 먼저 떠오르는 게 뭐지요? 대부분은 광활한 대륙을 가로지르며 말을 타고 달리는 광개토 대왕, 뛰어난 전략으로 승리한 살수대첩의 을지문덕 장군 등과 더불어 용맹함, 칼과 창, 넓은 땅 등을 떠올릴 거예요.

고구려는 옥저, 부여, 삼한 등과 함께 치열하게 경쟁하던 부족국가 시대부터 삼국 시대를 거쳐 오면서 줄곧 용맹스럽고 기개 높은 나라로 알려져 왔답니다. 당시엔 중국도 고구려의 용맹함 앞에서는 벌벌 떨었다고 하니까요.

특히 광개토 대왕은 세계 제국을 꿈꾸며, 한반도 북부에서 만주와 요동 지역을 지나 중국 땅 깊숙한 곳에 위치한 내몽골까지도 고구려 땅으로 만들었답니다.

이렇게 용맹함으로 이름을 떨치던 고구려인에게 또 하나의 특별한 자랑거리가 있었는데, 그것은 바로 고구려 초기부터 중국, 일본까지 널리 알려졌던 고구려의 특별요리랍니다.

각양각색의 음식이 넘치는 중국에서도 그 고구려 요리의 맛을 칭찬하면서 고급요리로 인정했고, 사람들은 그 맛을 한번만 보는 게 소원이었다고 해요.

그럼 고구려인들이 즐겨 먹던 특별 요리는 무엇이었을까요? 그것은 소나 돼지, 개 등의 고기에 고구려인들이 특별 개발한 양념장에 재워 두었다가 마늘, 부추를 섞어 발라 이것을 통째로 꼬챙이에 꿰어 불에 구워 먹는 요리였어요.

고기에 장을 발라 양념 맛이 스며들게 한 후, 구워 먹는다는 점에서 세계 최초의 '양념 통불고기' 라고도 할 수 있지요. 이 특별 요리를 '맥적' 이라고 한답니다.

고구려인들이 개발한 특별한 맛을 내는 장은 지금의 간장과 된장의 시초라고 볼 수 있어요. 콩을 삶아서 메주를 만들고, 메주를 소금물에 담근 후 발효시켜 간장을 만들었지요. 고구려인들의 장 만드는 솜씨는 중국에서도 부러워했답니다.

그런데 맥적에 마늘이나 부추는 왜 넣었을까요? 그것은 고기가 쉽게 부패하는 것을 막고, 고기의 맛을 부드럽게 하기 위해서였답니다. 2천 년도 훨씬 전이지만 고구려인들은 이미 마늘과 부추의 효능을 알고 있었던 거예요. 자랑스러운 우리나라 최초의 양념 불고기 '맥적', 정말 우리 조상의 지혜가 넘치는 훌륭한 요리지요?

양념을 해서 구워 먹는 요리법은 우리 나라만의 독특한 전통 요리법으로 고구려 시대부터 이어져 온 거랍니다. 맥적은 중국에까지 널리 전파되어 중국인들도 그 맛을 즐겼다고 하니, 요즘으로 보면 아마 세계의 여러 사람이 즐겨 먹는 '맥도널드' 햄버거 정도는 되지 않을까 싶네요.

이건 몰랐지? 옛날에도 나이프를 사용했다고?

레스토랑에 가면 스푼, 포크와 함께 보통 '나이프'라고 부르는 칼이 나오죠? 나이프는 주로 고기나 빵을 잘라서 먹거나 빵에 버터를 발라 먹을 때 사용해요. 그런데 옛날 신라 시대 때 우리나라에서도 나이프를 사용했었다는 사실을 알고 있나요?

신라 시대의 유물이 발견된 경주의 안압지에서는 손잡이가 아름다운 조각으로 장식된 손칼이 80여 개나 나왔답니다. 당시에는 커다란 고기찜이나 고기구이를 식탁 위에 올려놓고 여러 명이 둘러앉아서 손칼로 조금씩 베어 내서 먹었던 거죠. 아마 그때는 고기를 한꺼번에 많이 잡아 조리해서 먹었을 거예요. 그런데 왜 지금은 사용하지 않게 된 걸까요? 그것은 시대가 흐르면서 고기는 미리 작게 썰어서 조리된 채로 밥상 위에 올려졌기 때문에 별도로 손칼이 필요하지 않게 되어서랍니다.

김유신 장군도 즐겨 먹던 요구르트

김유신 장군이 전쟁터에서 힘든 싸움을 마치고 집으로 돌아오던 길이었습니다. 아군의 귀향 소식을 들은 선덕여왕은 김유신 장군에게 다시 나가서 적을 막으라고 명령했습니다.

김유신 장군은 몹시 지쳐 있기도 했지만, 오랫동안 못 본 가족들의 안부가 무척 궁금했습니다. 하지만 나라를 위한 일이었기 때문에 사사로이 가정의 일을 앞세울 수는 없었지요.

장군은 집 앞에까지 왔지만 집 안에 들어가지는 않고, 집 앞 우물에 멈추어 서서 우물 속의 물을 한 모금 떠 마시고는 이렇게 말했답니다.

"우리 집 물맛이 옛날 그대로인 것을 보니, 집안에 별일이 없나 보구나."

김유신은 안심하고 다시 전쟁터로 나갈 수 있었습니다.

옛날 우리 조상들은 물맛과 장맛이 좋으면 집안이 편안하다고 믿었어요. 김유신 장군이 직접 보지도 않고 집에 아무 일이 없다고 믿고 안심한 후 전장으로 나갈 수 있었던 것도 같은 이유에서랍니다. 이 우물의 이름은 '장수'인데, 이 '장수'란 전쟁터에 나가 용감하게 싸우는 '장수'를 뜻하는 것이 아니에요.

여기서 장수란 '물에 장을 조금 탄 물' 이란 뜻을 가진 말이지요.

장은 우리의 전통적인 발효 식품이니까 유산균 음료, 즉 요구르트의 조상 정도라고 하면 맞을까요? 아주 약한 요구르트가 되는 셈이죠. 다른 한편에서는 '장수'를 '간장을 탄 우물물' 로 보기도 한답니다. 아무튼 확실한 것은 김유신 장군도 발효 음료를 항상 마시고 생활했다는 거예요. 그 오랜 옛날부터 발효 음료를 매일 마셨던 우리 조상의 지혜가 대단하지요?

여러분도 발효 식품이 몸에 좋다는 것 정도는 누구나 알고 있을 거예요. 우리나라 전통의 발효 식품을 많이 먹도록 하세요. 몸이 튼튼해질 뿐만 아니라 머리도 좋아진답니다.

김치는 언제부터 먹었을까?

우리나라 음식 중에서 절대 빼놓을 수 없는 것 중의 하나가 바로 김치예요. 아주 오랜 옛날, 우리 선조들은 김치와 비슷한 종류의 음식들을 '지' 라는 고유의 말로 표현했답니다. '지' 라는 말은 한자로 '침채(沈菜)' 라고 쓰는데, 이는 '채소를 소금물에 절여서 먹는다.' 라는 뜻이에요.

그 당시엔 한자어 '침채' 를 '딤채' 라고 읽었는데, 시간이 흐르면서 발음이 변해 '짐채' 라고 불리게 되었지요. 이 말이 또 시간이 흐르면서 오늘날의 '김치' 라는 말로 바뀌게 된 거랍니다.

그렇다면 김치는 언제부터 먹기 시작했을까요? 너무 오래된 일이라서 정확히 아는 사람은 없어요. 하지만 여러 가지 옛 자료를 토대로 추측해 보면, 삼국 시대부터 김치가 있었다는 것을 알 수 있지요.

그런데 혹시 '수수보리 김치' 라는 말을 들어 본 적이 있나요? '수수보리' 는 옛날 백제 사람으로, 일본에 술을 빚는 방법을 처음 전해 준 사람이에요. 즉 일본의 '수수보리 김치' 는 우리의 조상인 수수보리가 일본에 가서 전수해 준 김치랍니다.

삼국 시대의 김치 맛

그러니까 백제 시대에 이미 김치가 있었다는 얘기지요. 그렇다면 그때의 김치 맛은 어땠을까요?

요즈음 우리가 먹는 김치는 배추를 절인 후 고춧가루로 버무린 붉은 색의 김치가 일반적이지요. 하지만 삼국 시대의 김치는 국물이 거의 없고 짠 건더기만 있었답니다. 김치라기보다 요즘의 장아찌에 가까운 모양이었지요. 옛날에는 장아찌와 김치의 차이가 없었어요. 당시의 김치로는 이렇게 장아찌와 비슷한 종류, 또 동치미처럼 국물이 많은 종류, 그리고 짠지와 비슷한 종류가 있었지요. 또 오이, 가지, 순무를 절인 김치였답니다. 우리가 즐겨 먹는 빨간 고춧가루가 듬뿍 묻은 지금의 매운 김치와는 많이 틀리겠죠? 김치가 매워서 못 먹는 어린이들에게는 오히려 옛날의 김치가 더 좋을 수도 있겠네요.

언제부터 고춧가루를 넣은 김치를 먹기 시작했을까요? 사람들이 지금과 같은 김치를 먹기 시작한 것은 조선 시대의 임진왜란 이후부터랍니다. 그러니까 지금으로부터 4백여 년 전부터지요. 왜냐 하면 그 전까지는 우리나라에 고추가 없었으니까요. 그러니 당연히 고춧가루를 넣을 수가 없었던 거지요.

고추의 원산지는 머나먼 남아메리카의 멕시코예요. 즉 고추는 유럽과 일본을 거쳐서 임진왜란 때 우리나라로 들어온 거지요. 고추가 도입된 이후로 우리나라 사람들은 김치에 고춧가루를 넣어 먹으면 매콤하고 얼큰하면서도 입맛을 돋운다는 사실을 알게 되었답니다. 말하자면 그 당시로는 김치가 동양과 서양의 재료가 합쳐져서 만들어진 '퓨전 요리'인 셈이지요.

고춧가루의 두 가지 비밀

고춧가루에는 두 가지 신기한 비밀이 있어요. 하나는 고춧가루가 김치를 맵게 만들 뿐 아니라 김치를 오래 저장해도 쉽게 변하지 않게 해 준다는 거지요. 고춧가루 속의 '사이신'이라는 성분이 그것을 가능하게 해 주거든요.

또 하나의 비밀! 바로 젖산이라는 균을 발효시켜서 김치를 굉장한 영양식품으로 만들어 준다는 거예요. 참 신기한 일이죠? 여러분이 매일 먹는 김치 속에 유산균 음료 수십 병에 들어 있는 유산균이 들어 있다는 사실, 정말 놀랍죠?

그리고 고추에는 비타민 C가 매우 풍부해요. 그때만 해도 사계절 동안 계속 신선한 야채를 먹을 수 없었기 때문에 겨울철에는 부족한 비타민 C를 김치로 보충했던 셈이지요.

◀ 고추

계백 장군도 배추김치를 먹었을까?

앞에서 말했듯이, 계백 장군이 살았던 백제 시대에는 배추김치가 없었어요. 계백 장군이 먹었던 김치는 무김치, 가지김치, 오이김치, 부추김치, 파김치 등이었지요. 고려 시대에도 배추김치는 없었답니다. 그럼 배추김치는 언제부터 먹었을까요?

배추김치는 이순신 장군이 살았던 조선 시대 중기부터 등장하기 시작했어요. 배추김치가 등장한 이후, 절인 배추에 마늘, 생강, 파, 젓갈 같은 양념을 넣게 되었답니다. 그렇게 요즘 여러분들이 먹는 김치 모습과 거의 비슷하게 된 것이죠.

김치의 종류

▲ 동치미

▲ 백김치

▲ 열무김치

▲ 가지김치

▲ 파김치

▲ 통배추김치

향긋한 나물 이야기

우리나라는 봄, 여름, 가을, 겨울로 사계절이 뚜렷하기 때문에 낮은 산과 들에는 계절마다 많은 종류의 식물들이 자라나요. 물론 이러한 식물들 중에는 몸에 해로운 독이 들어 있어서 절대로 먹어서는 안 되는 것들도 있지요. 하지만 우리 선조들의 지혜를 통해 아주 오래 전부터 먹어도 되는 것과 먹어서는 안 되는 것이 구분되어 음식이나 약재로 사용되어 왔답니다. 따라서 지금 여러분이 집에서 먹는 나물은 아주 오래 전부터 먹어 왔던 맛있는 음식인 거죠. 이렇게 먹어도 되는 식물을 이용해 만든 나물 반찬은 우리나라의 식생활에서 빼 놓을 수 없는 중요한 반찬거리 중의 하나예요.

우리나라의 지형상 비교적 쉽게 구할 수 있는 나물은 산에서 나는 산나물과 들에서 나는 들나물로, 산이 깊을수록 향이 짙고 귀한 나물이 많답니다. 산나물에는 고사리, 도라지, 취나물, 원추리 등이 있고, 들나물로는 달래, 냉이, 쑥, 씀바귀, 고들빼기, 명아주, 질경이, 비름, 민들레 등이 있어요. 또 집 주변의 마당이나 뜰에서 직접 길러 먹을 수 있는 나물도 있지요. 나물은 조리하기도 간단해서 매우 다양하게 먹을 수 있어요.

처음으로 나물을 먹기 시작한 것은 삼국 시대 때 불교가 들어와 육식을 금하던 풍토가 널리 퍼지기 시작하면서부터랍니다. 또 나물은 자연에 의한 재해라든지 이른 봄철 식량의 부족으로 인해 백성들이 굶주릴 때 그 굶주림을 해결해 주는 역할을 하기도 했지요.

나물은 익혀 먹는 것과 날것으로 먹는 것, 그리고 고기와 섞어서 무쳐 먹는 잡채로 나눌 수 있는데, 익히는 것에는 볶는 것과 삶는 것이 있어요. 나물을 먹는 데 꼭 필요한 것은 양념이에요. 특히 중요한 양념은 참기름인데, 참기름과 나물의 맛깔스러운 조화는 우리나라 나물 문화의 고유한 특징이라고 할 수 있지요.

나물을 익혀 먹을 때에는 나물의 향기와 맛이 잘 살아나도록 하는 것이 중요하다고 해요. 요즘 우리가 즐겨 먹는 나물로는 무·시금치·미나리·쑥갓·갓·오이·호박·호박잎·연근·죽순·고구마·감자·가지·풋고추·고춧잎·부추·들깻잎·콩나물·고사리·숙주·도라지·더덕·두릅·쑥·버섯 등 매우 다양하답니다.

다음으로는 여러분이 좋아하는 잡채가 있어요. 잡채는 익혀서 먹는 나물의 한 종류지요. 소고기와 당면 등의 재료를 볶은 후, 여러 가지 채소, 나물과 함께 참기름으로 고소하게 무쳐 고명을 얹어 먹는 음식이 바로 잡채지요. 맨 처음에 먹던 잡채는 소고기와 당면에 나물을 무친 게 아니었답니다. 예전에는 당면이나 고기를 쓰지 않고, 오이, 무, 도라지, 버섯, 박고지 등 다양한 나물만을 기름에 볶아서 무쳐 먹었어요. 조선 후기에 들어서야 고기와 당면이 첨가되어 요즘의 우리들이 즐겨 먹는 잡채가 되었다고 합니다.

나물의 종류

▲ 고사리 　　▲ 냉이나물 　　▲ 도라지

▲ 참나물 　　▲ 돗나물 　　▲ 숙주나물

> **이건 몰랐지?** 우리나라 사람은 서양 사람의 장보다 30%나 길다

서양 사람은 대체로 우리나라 사람보다 키가 크죠? 하지만 장의 길이는 우리나라 사람이 훨씬 더 길어요. 서양인의 장이 보통 90cm~95cm라면 우리나라 사람의 장은 120cm 정도이고, 유난히 장이 긴 사람은 150cm를 넘기도 하지요. 서양 사람들의 장보다 무려 30% 정도나 더 길다는 얘기예요.

키가 작은데도 불구하고 장이 더 길다는 것은 장이 더 꾸불꾸불하게 되어 있다는 뜻이겠지요? 그 비밀은 우리 민족이 살아온 생활과 식습관 속에 숨어 있답니다.

우리나라는 예로부터 농사를 지으면서 살아온 농경 민족이었죠. 따라서 고기보다 곡식과 채소를 많이 먹었기 때문에 고기를 많이 먹는 서양 사람에 비해 영양분과 에너지를 얻는 칼로리가 부족했어요. 그래서 조금이라도 더 많은 칼로리를 얻기 위해 칼로리를 흡수하는 장의 길이가 더 길어질 수 밖에 없었던 거랍니다.

왕견은 무엇을 먹고 살았을까?
- 고려 시대의 음식 생활 -

　고려 시대에 들어서면서 불교가 더욱 융성해짐에 따라 육식은 쇠퇴하고, 식물성 식품의 음식에 대한 연구가 활발해지게 돼요. 그리고 사찰 음식도 크게 발달하게 되지요. 또한 차 문화가 크게 발달하면서 우리 고유의 차 마시는 예절이 생겼을 뿐만 아니라, 차 마시는 그릇으로 우리의 자랑인 고려청자가 생겨나게 되었답니다. 그러다가 고려 후기에는 몽고의 지배를 받으면서 육식의 풍습이 다시 살아나게 되었고 소금, 엿, 식초, 설탕, 후추 등의 양념을 사용하게 되었어요. 고려 시대는 곡류 음식도 다양해지고 간장, 된장, 술, 화채, 차 등의 모든 조리법이 완성 단계에 이르게 되는 때랍니다.

바닷가재 요리보다 비싼 국수

후삼국을 통일하고 고려를 세운 왕건은 지혜와 인품이 뛰어난 고려의 태조였어요. 그런데 고려의 임금님이 왜 좋은 음식들을 다 놔두고 밀가루로 만든 국수와 만두를 먹었을까요?

지금은 국수가 먹고 싶을 때 가까운 가게에 가서 국수 한 다발만 사 오면 쉽게 먹을 수 있지만, 고려 시대에는 국수가 지금의 탕수육이나 바닷가재 요리보다도 훨씬 비싸고 귀한 특별 음식이었답니다. 그래서 명절이나 특별한 날이 아니면 구경하기가 힘들었지요. 물론 명절이라 하더라도 부자가 아니면 먹을 수 없었고요.

국수의 종류는 메밀가루 국수와 밀가루 국수가 있는데, 우리나라에서는 메밀가루 국수가 조금 더 먼저 생겼어요. 밀은 삼국 시대에 중국으로부터 전해져 왔지만, 메밀은 이미 그 전부터 우리나라에서 재배되고 있었거든요.

중국에서는 밀이 많이 생산되었기 때문에 국수를 주식으로 삼았지만, 그 당시 우리 나라에는 밀이 매우 부족해서 중국에서 수입을 해야 했어요. 그러니 국수의 값도 비싸질 수밖에 없었지요. 그래서 돈이 아주 많거나 높은 관직에 있는 사람들이나 국수를 맛볼 수 있었던 거랍니다.

흔히 결혼을 앞둔 사람들에게 "언제 국수 먹나요?"라고 물어보지요? 옛날에는 이처럼 국수가 귀하고 비쌌기 때문에 결혼과 같은 큰 행사에서나 먹을 수 있는 음식이었기 때문이에요. 결혼식뿐만 아니라 아기들의 돌상과 어른들의 환갑 잔치에도 빠지지 않았어요. 이는 국수가 귀한 음식이기도 했지만, 그 길이가 길기 때문에 장수할 것을 바라는 마음에서 비롯된 것이기도 하답니다.

▲ 국수장국

▲ 만두국

제갈공명의 사람 머리 모양 만두

만두는 중국에서 처음 생겨나서 우리나라로 전해진 음식이에요.

제갈공명이 전쟁을 치르기 위해 바다로 나갔을 때였어요. 바람과 파도가 너무 심해서 도저히 배를 띄울 수가 없었지요. 바람과 파도를 진정시키기 위해서는 바다의 신에게 49명의 사람을 제물로 바쳐야 했습니다. 하지만 고귀한 사람의 생명을 함부로 제물로 쓸 수는 없었어요.

그래서 제갈공명은 꾀를 냈답니다. 양고기와 돼지고기를 밀가루 반죽과 버무려서 사람의 머리 모양처럼 만든 후, 바다의 신에게 바쳤던 거죠. 그랬더니 거짓말처럼 바람과 파도가 잔잔하게 되었다고 해요. 아마 바다의 신도 감쪽같이 속았던 모양이지요? 이것이 바로 만두의 기원이라고 합니다.

이때의 만두는 크기가 사람의 머리만 했을 테니까 정말 슈퍼왕만두였겠죠?

왕건은 무엇을 먹고 살았을까? 49

고려 시대에는 특히 북쪽의 사람들이 만두를 잘 빚었는데, 그 중에서도 개성 지역의 사람들이 만두를 가장 맛있게 만들었다고 해요.

그래서 개성만두는 지금까지도 아주 유명하답니다. 고려 태조 왕건은 개성의 성주 아들로 태어났기 때문에 어려서부터 만두와 국수를 많이 먹을 수 있었답니다.

차를 즐겨 마시고 쌈을 즐겨먹던 고려인

고려 시대에는 불교가 성행했어요. 그런데 불교에서는 고기 먹는 것을 금지했기 때문에 고려 시대에 들어와서는 쇠고기나 돼지고기, 닭고기, 양고기, 개고기처럼 육식과 관련한 요리 종류가 많이 줄었답니다.

그렇다고 계속 맛있게 먹어 왔던 것들을 한번에 딱 끊을 수는 없었으니 고기를 전혀 안 먹은 건 아니었지요. 대신 고기보다는 다양한 채소 요리를 먹게 되었답니다.

산나물, 들나물, 버섯, 오이, 상추, 부추, 가지 등과 같은 채소로 다양한 요리를 만든 거죠. 그래서 우리나라 고유의 '쌈 싸 먹기'가 등장하게 됩니다. 신선한 채소에 밥과 쌈장을 넣어 싸 먹는 '쌈 싸 먹기'는 맛도 좋을 뿐 아니라, 여러 채소에 들어 있는 다양한 영양 성분을 한꺼번에 먹을 수 있어서 일석이조의 훌륭한 영양식이 되었죠.

'쌈 싸 먹기'에 신선한 채소는 필수죠? 우리나라는 예로부터 물과 공기가 맑아서 채소를 물에 살짝만 씻어도 그냥 먹을 수 있었으므로 '쌈 싸 먹기'는 누구나 손쉽게 먹을 수 있는 음식이었어요. 특히 잎이 큰 채소로 쌈을 싸 먹는데, 그 중 상추쌈이 가장 인기가 많지요. 그 밖에도 깻잎, 호박잎, 배춧잎, 콩잎, 쑥갓도 쌈을 싸 먹는답니다. 이 '쌈 싸 먹기'는 중국까지도 소문이 나서 중국인들도 고려의 상추쌈을 즐겨 먹게 되었답니다. 특히 고려에서 생산되는 상추는 맛이 좋아서 고려 사신이 가지고 오는 상추 씨앗은 비싸게 거래되었다고 합니다.

▲ 상추쌈
상추 잎에 밥을 놓고 양념장을 얹어 싸서 먹는 음식.

고려청자와 다방

지금은 많은 사람들이 식사를 하고 난 후나 사람을 만나 이야기를 나눌 때 커피를 마십니다. 그렇다면 커피가 없었던 고려 시대에는 어떤 음료수를 마셨을까요? 바로 차예요.

차를 마시기 시작한 것은 신라 흥덕왕 때부터 지리산 부근에 차나무를 심으면서부터였고, 본격적으로 차 문화가 발전한 것은 고려 시대부터였지요. 불교가 숭상되면서 절에서는 신자나 손님들에게 향기로운 차를 대접했답니다.

이 당시의 차는 지금의 녹차 같은 것으로, 깔끔하고 그윽한 향기로 음식을 먹고 난 후 입 냄새를 없애 주면서 입 안을 개운하게 했고 건강에도 좋았답니다. 그래서 차를 마시는 것이 상류 사회 문화의 상징처럼 되었지요.

임금님이 사시는 궁중에도 '다방'이라는 기구를 따로 두어 차에 관한 일을 관리하게 했답니다. 여기서 '다(茶)'는 차를 뜻하는 한자어예요. 옛날 궁중의 '다방'에서는 나라의 행사에 쓰이는 차를 준비했다고 합니다.

사람들은 차를 보다 멋스럽고, 고급스럽게 마시기 위해서 아름다운 찻잔과 찻주전자 등을 만들려고 많은 노력을 기울이기도 했어요. 그 결과 우리나라의 자랑인 비취색 고려청자가 탄생하게 되었지요. 고려청자의 은은하고도 깊은 색은 현대의 기술로도 완벽하게 재현하지 못할 정도로 독특하다고 합니다.

또 고려 시대에도 거리에 찻집이 있었는데, 이것을 '다점'이라고 불렀어요. 즉 지금의 커피숍처럼 사람들을 만나 차를 마시며 얘기를 나누는 공간이었죠.

이렇게 차를 마시는 문화가 가장 발달했던 때는 고려 시대였어요.

▲ 모과차

▲ 유자차

▲ 인삼차

물론 지금은 더 좋고 맛있는 차들이 많이 개발되었지만, 차를 즐기고 멋지게 마시는 문화는 그때가 최고였답니다.

조선 시대에 들어와서는 녹차 종류보다는 인삼이나 구기자, 결명자 등 약제 성분이 들어간 차 종류가 발달하게 되었죠.

귤은 고려의 명물 과일

여러분들은 후식으로 무엇을 먹나요? 주로 음료수나 과일, 아이스크림, 과일 젤리 등을 먹을 거예요. 그러면 고려 시대에는 어땠을까요? 그때에는 후식으로 주로 과일이나 '한과'라고 하는 전통 과자를 먹었답니다.

과자로는 밀가루에 꿀을 섞어 반죽한 것을 기름에 지지고, 여기에 또 꿀을 발라서 만든 '유밀과'라는 것이 있었어요. 하지만 값이 무척이나 비싸서 이 과자 때문에 물가가 오르락내리락했을 정도라고 해요. 과자의 모양은 여러 가지 과일 모양으로 만들기도 하고 새나 호랑이, 토끼 등 여러 동물의 모양으로 만들기도 했답니다.

▲ 귤

후식으로 먹던 과일 중에 특이한 것은 바로 귤이었어요. 그때까지만 해도 귤은 지금의 제주도인 탐라국에서만 생산되었는데, 고려 숙종 때 탐라국이 고려에 통합되면서 특산물로 임금님께 바치게 되었지요. 이때 탐라가 '물 건너의 땅'이라는 뜻을 지닌 '제주(濟州)'로 이름을 바꾸게 된 거랍니다. 그때까지 사람들이 맛보지 못했던 귤은 자연스럽게 고려의 명물 과일이 되지요.

▲ 유밀과

설렁탕의 유래

식당에서 '설렁탕' 또는 '설농탕' 이라고 쓰여져 있는 메뉴판을 본 적이 있지요? 아마 먹어 본 적이 있는 어린이도 있을 거예요. 그러면 이 '설렁탕' 은 언제, 어떻게 만들어진 걸까요?

'설렁탕' 의 원래 이름은 '설농탕' 이랍니다. 이 설농탕은 고려 시대 중기 이후에 중국으로부터 전해진 것이에요.

몽고 말로는 '공탕' 이라고 하는데, '아무 건더기도 없는 국물 요리' 라는 뜻이지요. 사실 이 공탕은 고기의 여러 부위를 함께 넣고 푹 삶은 뒤에 건더기는 건져 내서 소금에 찍어 먹고, 국물에는 밥을 말아 먹었던 것이에요. 정확히 말하면 아무것도 넣지 않은 게 아니라 '고기를 넣고 푹 삶은 후, 고기 국물만 남겨 놓은 탕' 이지요.

이것이 우리나라로 건너오면서 건더기가 없는 고깃국물 탕이라는 뜻에서 '설농탕' 이라고 불리게 되었답니다.

'설농탕' 은 눈을 녹여 만든 탕이라는 뜻이에요. 눈을 녹이면 그냥 물이 되잖아요? 즉 아무 건더기도 찾을 수 없는 탕이라는 의미지요. 그런데 고려 시대에는 고기를 잘 안 먹었다고 했는데 어떻게 설농탕이 인기를 끌었을까요?

고려 중기 이후에는 불교를 숭상하는 정신이 많이 약해졌을 뿐만 아니라, 고기를 많이 먹던 원나라의 세력이 커졌기 때문이랍니다. 그래서 다시 고기 요리가 많아졌지요. 전문적으로 고기를 잡던 '백정' 도 바로 이때 생겼어요.

그리고 고기 요리법도 다양하게 발전했습니다. 이렇듯 역사는 음식에도 많은 영향을 미친답니다.

▲ 설렁탕

최영 장군은 소주파!

고려 시대 사람들은 술 마시는 것을 즐겼어요. 그래서 주로, 맑은 술이라는 뜻의 청주와 탁한 술이라는 뜻의 탁주, 즉 막걸리를 많이 마셨답니다. 이 중에서 막걸리는 서민들의 술이었고, 청주는 관리들의 술이었지요. 서민들이 즐겨 마셨던 탁주는 쉽게 취하고, 또 쉽게 깼다고 해요. 술을 마실 때에도 특별한 예의를 갖추지 않고 자유롭게 마셨다고 전해집니다.

그러던 중 고려 중기 때 원나라로부터 처음으로 소주가 들어오게 되었는데, 막걸리의 순한 맛에 익숙했던 고려인에게 소주의 톡 쏘는 독한 맛은 신기하면서도 매력적인 것이었어요. 조금만 마셔도 금방 취해 버려서 걱정 근심도 잠깐씩 잊을 수 있었던 거죠.

소주가 들어온 이후 서민들 사이에는 막걸리와 더불어 소주가 매우 인기 있는 술이 되었답니다.

'황금 보기를 돌같이 하라' 는 말로 유명한 최영 장군도 소주를 워낙 좋아해서 '소주도' 란 별명을 얻었다고 해요.

이건 몰랐지? 달콤한 바나나밥

여러분들은 지금까지 어떤 종류의 밥을 먹어보았나요? 흰 쌀밥, 보리밥, 팥밥, 콩밥, 오곡밥, 찰밥 등 밥도 참 종류가 다양해요. 그런데 이슬람교를 믿는 사람들은 축제 기간 동안에 바나나밥을 먹는답니다.

쌀을 씻은 후 바나나 잎으로 돌돌 말아 불에 찌면 바로 바나나밥이 되지요. 이런 바나나밥을 '론톤'이라고 부릅니다. 같은 쌀로 만드는 밥이라 해도 세계에는 이렇게 다양한 요리법이 있답니다.

홍길동은 무엇을 먹고 살았을까?
- 조선 시대의 음식 생활 -

　조선 시대에는 유교를 숭상했기 때문에 식생활도 많은 변화가 있었어요. 그리고 불교 위주의 차 문화는 점차 쇠퇴하게 되었지요. 농경을 더욱 중시하여 곡식과 채소의 생산이 늘어나게 되었고, 점차 식생활 문화가 발달하면서 음식을 만드는 방법이 수록된 조리서가 나왔을 뿐만 아니라, 상차림의 구성법도 정착되었답니다. 그리고 조선 시대에는 신분을 엄격히 구분하는 계급의식이 강했기 때문에, 식생활도 신분에 따라 달라지는 차별제도가 생기게 되었지요. 따라서 음식도 궁중 음식, 반가 음식, 상민 음식 등으로 나뉘었으며, 지역의 특성에 다른 향토 음식도 생겨나게 되었답니다.

세종 대왕과 홍길동의 밥상

조선 시대의 임금님은 하루에 다섯 번 식사를 했어요. 우리가 집에서 먹는 밥상은 그냥 밥상이라고 하지만 임금님이 드시던 밥상은 '수라상'이라고 불렀지요.

임금님은 아침에 일어나 6시에 '초조반'이라는 식사를 합니다. 정식으로 아침 식사를 하기 전에 죽이나 미음, 보약 등을 먹는 것이죠.

그 다음 10시 정도에 먹는 것이 '아침 수라'예요. 밥은 흰 쌀밥과 팥밥 두 종류가 나오는데, 이 중 하나를 골라서 먹으면 되겠지요. 반찬은 국과 김치 외에 12가지 반찬이 나오는데, 반찬이 12가지라서 '12첩 반상'이라고도 부른답니다.

수라상은 상이 모두 네 개예요. 제일 큰 상은 임금님의 상, 다른 하나는 뜨거운 찜이나 전골 같은 것을 잠시 놓아 두는 상, 또 다른 하나는 임금님이 먹기 전에 독이 있나 없나를 검사하던 수라 상궁의 상, 마지막으로 가장 작은 상은 수저와 휘건(지금의 냅킨)을 놓아 두는 상이었지요.

임금님이 나랏일을 하려면 우선은 건강해야 하기 때문에 이렇게 정성을 많이 들였던 것이랍니다.

세 번째의 식사는 점심 식사로 그때는 '낮것'이라고 불렀어요. 국수나 만두로 차린 상이나 차와 과자, 떡으로 차린 다과상을 받는 게 보통이었지요.

네 번째로 받는 밥상이 '저녁 수라'였는데, '아침 수라'와 비슷하지만 아침에 먹은 것과 다른 음식들이 차려졌지요.

마지막으로 다섯 번째 밥상은 야참이에요. 주로 간단한 죽이나 수정과, 약식, 과일 등으로 차려진 상이지요. 잠자기 전이니까 소화가 잘 되고 양이 많지 않은 음식으로 골라서 차렸답니다.

임금님의 수라상은 매일매일 요리가 바뀝니다. 전국 곳곳에서 올라온 맛있고 희귀한 요리들로 가득하지죠. 수저도 은수저랍니다. 부럽다고요? 하지만 임금님은 맛있는 음식을 먹는 대신에 항상 나랏일을 걱정해야 하고, 해야 할 일도 무척 많아서 쉴 틈도 별로 없었답니다.

그렇다면 평민이었던 홍길동의 밥상은 어땠을까요? 일반 백성 중에서도 잘 사는 집은 '3첩 반상' 즉 밥에 국, 김치, 반찬 이렇게 세 가지로 구성된 밥상을 차려 내는 게 예의에 맞는 것이었지만 대부분은 그렇지 못했답니다. 가난한 평민들은 하루에 다섯 끼는커녕, 세 끼를 챙겨 먹기도 힘들었지요. 반찬도 두 가지 정도뿐이었답니다.

상물림

조선 시대 때만 해도 서민들은 배불리 먹기가 매우 힘들었어요. 그래서 아버지가 먹다 남긴 밥상을 아들이 먹고, 아들이 먹고 남긴 밥상을 다른 식구들이 먹었지요. 이것을 '상물림' 이라고 해요.

가난했던 사람들이 음식을 낭비 없이 먹으려고 생각해 낸 지혜였을까요? 왜 지금처럼 온 가족이 한 밥상에서 함께 먹지 않고 아버지가 먹고 그 다음에 아들이 먹고 그랬을까요?

그 이유는 조선 시대에 불교 대신 유교가 번성해서, 유교에서 강조하는 '부모님에 대한 효도, 어른에 대한 공경' 이 중요한 일이었기 때문이에요. 지금처럼 아버지와 한 밥상에서 도란도란 이야기를 나누며 식사한다는 것은 그 당시로서는 꿈도 못 꿀 일이었지요.

비록 마음은 효를 생각하더라도, 그래도 식사는 온 가족이 모여서 정답게 하는 것이 더 좋을 것 같지요?

녹차 대신 막걸리?

조선 시대에 들어와서는 머리에 좋은 녹차를 마시지 않고 막걸리를 많이 마셨어요. 왜 그랬을까요? 조선 시대에는 고려 시대 때 융성했던 불교를 몰아내고 유교를 받아들였지요. 이것을 '배불 숭유 정책'이라고 해요. 그런데 불교를 상징하는 대표적인 것 중의 하나가 바로 차 마시는 문화였지요. 그래서 유교를 숭상했던 조선 시대에는 무조건 차 마시는 것을 금지했답니다.
그때까지만 해도 차는 우리나라의 특산품 중 하나로, 외국에 수출까지 하는 중요한 품목이었는데, 조선 시대에는 더 이상 차로 외화를 벌 수 없게 됐지요.

일반 백성들은 차가 없어지니까 뭔가 다른 마실거리가 필요했습니다. 그래서 숭늉을 마시게 되었어요. 그런데 숭늉이 구수하기는 했지만, 뭔가 자극적인 맛이 없다 보니 막걸리를 찾는 사람이 많아졌고, 막걸리를 많이 마시다 보니 술에 취해 있는 사람들이 늘어났어요. 그러다 보니 자연스레 일하는 시간도 줄어들게 되었지요. 막걸리가 서민들의 기쁨과 슬픔을 함께하는 좋은 친구이긴 했지만, 지나치게 많이 마셔서 술에 취해 고생하는 사람도 많았답니다.

주막의 성행

건전하게 차를 마실 수 있었던 고려 시대의 '다점'은 사라지고, 조선 시대에는 술을 파는 '주막'이 점점 늘어나게 되었어요.
특히 조선 후기에 상인들이 많이 생기면서 주막은 여인숙의 역할도 하게 되었지요. 그래서 '객주', '여각'이라고 불리기도 했답니다.
이곳에서 술이나 밥을 사 먹으면 숙박료는 따로 받지 않았다고 해요. 그래서 여비가 부족했던 사람들은 냄비와 같은 취사도구를 가지고 다니며 직접 밥을 해 먹기도 했지요.

밥을 대신하던 고마운 죽

한 번도 죽을 먹어 보지 못한 사람은 거의 없을 거예요. 우리가 몸이 아프거나 속이 좋지 않아서 밥을 잘 먹지 못할 때 엄마가 끓여 주시는 죽만큼 좋은 것도 없지요.

죽 요리로는 우리가 흔히 끓여 먹는 흰죽 외에도 많은 종류가 있답니다.

죽 요리란 곡식에 물을 많이 붓고 오래 끓여서, 곡식의 알이 연하게 퍼지게 하여 음식을 먹었을 때 소화되기 쉬운 상태로 무르게 익힌 음식을 총칭하는 말이에요. 농경 문화권에 속한 우리나라는 밥이나 떡보다도 죽을 먼저 먹기 시작했답니다. 이렇게 오랜 시간을 두고 발달해 온 죽은 조선 시대에 이르러서는 그 종류가 무려 170여 가지에 이르렀답니다.

죽은 음식으로서도 매우 중요한 역할을 했지만, 우리 선조들의 고운 마음이 담겨 있는 음식이기도 해요. 우선 죽은 우리의 주식인 밥을 대신하여, 입맛이 없을 때에는 입맛을 돋우는 별미 음식의 역할을 했어요. 그리고 몸이 약해졌을 때에는 다른 재료를 섞어서 영양을 충분히 섭취할 수 있게 하여 아픈 환자에게 치료의 역할도 해 주었지요. 예를 들면, 노인을 공경하는 마음을 담아 아침 식사 전에 죽을 먹음으로서 몸을 보하게 하고 식욕을 돋우게 해서, 부모님을 대하는 자식의 효심을 표현하기도 했답니다. 그리고 또 한 가지 중요한 역할 중의 하나는 흉년이 들었을 때 구황 음식의 역할을 했다는 거예요. 구황 음식이란, 말 그대로 굶주림에서 벗어나게 해 주는 음식이란 뜻이지요.

우리 조상들은 흉년이 들면 보리로 죽을 쑤어서 먹었는데, 그것마저도 부족하면 산에서 뜯은 나물로 죽을 쑤어 먹었답니다. 한 문헌의 기록에 의하면 구황을 위한 죽들로는 무죽, 당근죽, 쇠비름죽, 근대죽, 시금치죽, 냉이죽, 미나리죽, 아욱죽 등이 있었다고 해요.

죽은 만드는 방법에 따라서 미음, 응이, 원미죽, 암죽 등으로 나뉘어요.

미음은 우리가 흔히 먹는 흰죽이고, 응이란 녹말가루로 죽을 쑨 것을 말하지요. 원미죽은 멥쌀을 굵게 갈아 가루는 걸러내고 싸라기로만 쑨 죽을 말하고, 암죽은 곡식의 가루에 밥물을 타서 끓인 것인데 재료에 따라 흰죽, 팥죽, 좁쌀죽, 깨죽, 잣죽, 호박죽, 야채죽, 전복죽, 굴죽, 고기죽 등이 있지요.

　시대가 변하면서 죽 요리는 재료도 더욱 다양해지는데, 상류층에서는 주로 고급 음식류인 고기, 생선, 우유를 넣어 끓여 먹었고, 하류층에서 싸라기, 시래기, 산나물을 넣어 먹었다고 해요. 이렇듯 죽은 계층을 막론하고 누구나 즐겨 먹던 우리와 아주 친숙한 음식 중 하나였답니다.

죽의 종류

▲ 미음
곡물을 껍질만 남을 정도로 푹 고아서 체로 걸러낸 음식.

▲ 응이
녹말에 물을 가하여 쑨 죽으로 의이라고도 합니다.

▲ 흰죽
쌀만으로 끓인 죽.

▲ 잣죽
잣을 갈아서 쌀앙금이나 쌀가루와 함께 끓인 죽.

▲ 녹두죽
녹두를 삶아 걸러서 쌀을 넣고 끓인 죽.

▲ 전복죽
생전복을 곤 국물에 쌀을 넣고 끓인 죽.

배고픔에서 탈출하라! 구황 음식

　구황 음식 또는 구황 식품이라는 말을 들어본 적이 있지요? 지금이야 먹거리가 넘쳐나서 언제 어디서나 맛있는 것을 골라서 먹을 수가 있지만, 불과 여러분의 아버지나 어머니가 어렸을 적인 50년 전만 해도 끼니를 해결하지 못해서 굶었던 시대도 있었답니다. 특히 전쟁이라든지, 자연적으로 발생하는 홍수나 가뭄과 같은 재해에 대해서는 미리 대비하지 않으면 먹을 것을 구할 길이 전혀 없었지요. 요즘은 텔레비전을 통해서 그러한 상황을 모두가 쉽게 파악하고 금방 성금을 모아 재해를 당한 사람들에게 도움을 줄 수 있지만 말이에요.

　텔레비전이나 인터넷과 같은 미디어들이 발달하지 않았던 시절에는 자연재해가 일어났을 때 일시적으로 먹는 구황 음식이란 것이 있었어요. 옛 문헌의 기록에 나타난 구황 음식으로는 산과 들에 나는 식물과 평소에 먹지 않는 생선, 곤충, 동물들이 있어요. 구황 음식은 특별한 상황이 닥쳤을 때 먹는 음식이기 때문에 그 종류도 다양하고, 시대나 지역에 따라 먹는 것이 많이 다르답니다. 모두 나열할 수는 없을 정도로 종류가 다양하지만 주로 먹었던 것에는 우선 나무의 열매 종류로 떡갈나무 열매, 개구리밥 열매, 밤나무, 들쭉나무, 산수유, 복사나무 등이 있으며, 뽕나무 잎, 누런콩 잎, 솔잎 등의 잎을 먹기도 했어요. 또한 소나무 껍질, 칡 뿌리, 아카시아나무 꽃, 고구마 덩굴 등 식물의 껍질이나 뿌리, 꽃 등을 먹기도 했지요. 이런 식물들을 저장하는 시기는 먹는 부분에 따라 다른데, 싹·잎·뿌리는 3~5월 하순경에 저장하고 꽃은 개화기, 열매는 성숙기쯤에 저장하는 게 알맞지요. 식물뿐 아니라 바다에서 나는 우렁이, 가재, 어분, 파래, 쇠미역, 마른 새우 등도 구황 음식에 속했답니다.

　조선 시대에는 재해, 민란, 전쟁 등으로 인해 헐벗고 굶주리는 백성들을 구제하기 위한 관청을 두기도 했어요. 진휼청, 상평창, 의창, 사창, 혜민서, 활인서 등이 그러한 진휼기관들이지요. 이들 기관에서는 백성들에게 곡식을 빌려 주거나 옷감 등을 주기도 했습니다. 또한 음식을 나눠 주기도 하고 무료로 아픈 곳을 치료해 주어 백성들의 생활이 빨리 안정을 찾도록 도와 주었답니다.

그런데 이런 구황 음식이 흉년 때만이 아닌 평소에도 먹는 음식으로 바뀌면서 식생활도 점점 다양해졌지요. 흉년에 주로 나무껍질이나 산나물로 끼니를 이어가면서 소금과 장은 더욱 중요해졌지요. 조선 후기에는 장 담그는 게 한 해의 가장 중요한 일이 될 정도로 말이에요. 장 담그기가 시작되면서 우리가 흔히 아는 장아찌와 같은 저장 식품도 함께 발달하기 시작했답니다.

이건 몰랐지? 조선 시대 왕과 왕비의 밥그릇은?

옛날 우리나라 왕과 왕비의 밥그릇은 어떻게 구별했을까요? 똑같은 모양이었을까요? 아니면 모양이나 크기 등에 차이가 있었을까요?

물론 차이가 있었답니다. 왕의 밥그릇 뚜껑에는 꼭지가 없고, 왕비의 밥그릇 뚜껑에는 꼭지가 있었어요. 그래서 왕과 왕비의 밥그릇을 쉽게 구별할 수가 있었지요. 그런데 왕의 밥그릇 뚜껑에 꼭지를 만들지 않은 이유가 뭘까요? 왕은 직접 밥그릇 뚜껑을 열지 않기 때문에 당연히 꼭지가 필요 없었겠지요. 이때는 유교 문화가 지배적이었기 때문에 평민이라 할지라도 어른 남자들은 음식 그릇에 손을 대지 않았답니다.

▲ 주발
놋쇠로 만든 밥그릇.

서양 음식의 전래

우리가 지금 흔히 즐겨 먹는 우유, 커피, 과자, 양식 등은 언제부터 먹기 시작한 걸까요?

조선 후기에 이르러 서양 문물이 급속하게 들어오면서 사람들의 풍습, 학문, 생활에도 많은 변화가 일어나기 시작했어요.

따라서 음식도 이전에 먹어 보지 못한 새로운 것들이 우리나라 사람들의 식생활에 많은 영향을 주었답니다.

지금 흔히 사용하는 포크나 나이프, 그리고 너무도 당연하게 먹는 커피, 우유, 빵 등은 우리의 것을 다시 한 번 생각하게 하는 계기가 되기도 했지요. 음식이 갖는 영양 상태라든지 조리법 개발, 상차림 등에 대해 말이에요.

양식은 개화기 때 서양인들이 왕래하면서부터 우리나라에 들어오게 되었답니다. 유길준의 《서유견문록》에는 서양인들의 음식법, 빵과 우유, 버터, 각종 육류, 주스, 커피 등을 먹는 것에 대한 소개가 있다고 해요.

우유의 전래는 고려 시대 이전으로 거슬러 올라가는데, 명조에게 신하 이순우가 약으로 바친 것이 바로 우유라고 해요.

고려는 원과의 교역을 시작하면서 국가 기관으로 우유소를 만들었는데, 이 기관은 조선 시대까지 이어졌답니다. 하지만 당시에는 우유를 귀하게 여겼기 때문에 궁중과 상류층만이 먹을 수 있었지요. 조선 후기에 이르러 서양인에 의해 양식이 들어오면서 일반 서민들도 우유를 먹을 수 있었다고 해요.

커피 또한 개화기 때부터 마시기 시작했는데, 우리나라에서 커피를 처음 마신 사람은 고종이었습니다. 고종은 커피를 매우 좋아했는데, 한번은 역신의 계략에 의해 독이 든 커피를 마실 뻔하기도 했답니다. 고종은 독일계 여성 손택에게 호텔에서 커피를 팔도록 했는데, 이것이 우리나라 최초의 커피 다방이라고 볼 수 있지요.

개화기 때에는 양식과 더불어 양과자도 들어왔어요. 이미 우리 나라 사람들은 고려 시대부터 차와 더불어 전통 과자를 함께 먹었지요. 처음에 양과자는 상류층을 중심으로 보급되었답니다.

　요즘도 우리나라 과자보다 외국 과자가 더 좋다고 생각하는 경향이 남아 있는 것은 이때부터 이어진 것이지요. 하지만 과자를 만드는 방법이나 재료, 맛 등에서 이제는 우리나라도 많은 발전을 했기 때문에 외국 과자에 전혀 뒤지지 않을 만큼 손색이 없답니다.

신나는 명절 음식

우리나라의 가장 큰 명절은 무엇일까요? 아마도 여러분이 가장 잘 기억하는 날은 설날과 한가위일 거예요. 그렇다면, 이런 명절은 어떻게 생겨났으며 이 명절들에는 어떤 특별한 음식을 먹었을까요?

우리나라는 농업 국가로 자리를 잡으면서 농사의 시작과 수확하는 시기에 맞추어 마을 사람들과 온 가족이 함께 모여 놀이와 행사를 했습니다. 특히 풍년을 기원하면서 이전부터 이어져오는 음식을 준비하여 신과 조상에게 제사를 지내고, 그 음식을 함께 나누어 먹으면서 즐거워했답니다.

명절 음식은 시대가 바뀌면서 불교, 유교 또는 중국의 영향을 받기도 했지만, 쌀을 중심으로 한 떡과 술은 가장 보편적인 음식이 되었답니다. 고대의 부족 국가 때부터 제천의식이 있었지만, 명절의 기원은 삼국 시대에 정월대보름을 지낸 신라로 보고 있지요. 하지만 현재 우리가 지내고 있는, 계절에 따라 구분하는 세시풍속과 명절, 그리고 명절 음식은 조선 시대에 정리되어 문헌에 기록된 것이 이어져 온 것이랍니다.

명절과 세시는 1년을 24절기로 나뉘며, 하나하나의 절기마다 각각 먹는 음식과 행사가 따로 있어요. 하지만 여기서는 중요한 몇 가지만을 살펴보자구요.

◆ 설 (1월 1일) ◆

설은 일 년의 시작이라는 뜻으로 일 년의 첫날, 달의 첫날, 날의 첫날로 '원조'라고도 불렀어요. 설이 가진 참뜻은 확실치는 않지만, '삼가하다', '설다', '선다' 라는 뜻으로, 묵은 해에서 새해로 가면서 행동을 삼간다는 뜻을 가지고 있습니다.

설날에는 차례상과 세배 손님을 대접하기 위한

▲ 떡국

여러 음식을 준비해요. 떡국, 세주, 족편, 각종 전, 각종 과자, 수정과, 식혜, 햇김치 등 종류가 다양하지만 이때의 음식은 모두 정성을 다해 만들었어요. 그리고 모든 집마다 공통적으로 먹는 음식은 떡국이랍니다.

▲ 식혜

◆ 대보름 (1월 15일) ◆

보름은 보름달이 뜨는 날이에요. 특히 대보름은 1년 중 첫 보름달이 뜨는 날로 그 해에 풍년이 들기를 바라는 마음을 담아 음식을 준비했지요. 따라서 농사를 짓는 나라에서 대보름은 아주 커다란 의미가 있었어요. 대보름에는 쥐불놀이 등 다양한 놀이와 더불어 오곡밥과 약식, 귀밝이술, 부럼 등을 먹으면서 한 해의 건강과 평안을 기원하기도 했답니다. 오곡밥은 찹쌀, 차수수, 팥, 차조, 콩 등 다섯 가지 이상의 곡식을 넣어 지은 것으로 나물, 쌈과 함께 먹었지요. 오곡밥을 하루에 아홉 번 먹어야 일 년 내내 건강하다고 해서 조금씩 나누어 먹기도 했답니다.

▲ 대보름 절식
  약밥, 오곡밥, 묵은 나물과 보쌈, 부럼, 귀밝이술.

◆단오 (5월 5일)◆

단오날은 선조들이 큰 명절로 여긴 날 중의 하나예요. 단오 때는 더운 여름을 맞기 전, 모내기를 끝내고 풍년을 기원하는 계절이기 때문에 농사를 기반으로 하던 우리나라에서는 단오 행사가 전국적으로 이루어졌지요. 조선 시대에는 설날, 추석과 더불어 단오를 3대 명절로 지내기도 했어요. 단오날에는 더운 여름을 이기기 위한 음식으로, 한약재를 갈아 꿀물에 타서 먹는 음료수 중 하나인 제호탕을 먹었답니다.

▲ 제호탕

◆삼복 (6월~7월)◆

삼복은 초복, 중복, 말복을 합쳐서 부르는 말로 삼복 기간은 한 해 중 가장 더울 때랍니다. 이때에는 모든 사람들이 더위에 지쳐 있을 때이므로 삼복 중에는 육개장, 삼계탕, 개장국과 같은 보신을 위한 음식을 먹었답니다.

육개장은 소고기의 살코기 부분을 푹 고아서 끓인 국으로, 일부러 맵고 뜨겁게 만들어 땀을 흘리면서 먹었답니다. 이열치열이란 말을 들어 본 적이 있지요? 뜨거운 것은 뜨거운 것으로 다스린다는 뜻으로 더위를 막고자 하는 선조들의 지혜가 담겨 있는 말이지요.

닭에 온갖 종류의 한약재를 넣어 푹 끓인 음식인 삼계탕도 매우 훌륭한 보양 음식 중의 하나랍니다.

▲ 삼계탕

◆ 칠석 (7월 7일) ◆

칠석은 음력 7월 7일로, 여러분도 흔히 알고 있는 견우와 직녀가 1년에 한 번 만나는 날이랍니다.

칠석은 남녀 사랑에 관한 전설이 많이 얽혀 있습니다.

칠석은 중국의 주나라 왕자가 신선이 되어 도사인 부구공의 부인과 만난 날이에요. 또한 양귀비의 혼이 되살아나 당명황을 만난 날도 칠석이지요.

뿐만 아니라 우리나라 고전 소설인 춘향전에서도 춘향과 이도령의 가약을 맺어 주던 다리도 바로 칠석날의 오작교랍니다.

칠석에는 밀전병과 밀국수를 만들어 먹었습니다. 요즘은 밀가루 음식을 흔히 먹지만 우리의 선조들은 찬바람이 불기 시작하면 밀가루 음식을 먹지 않았답니다. 따라서 이날이 밀가루 음식을 즐기는 마지막 날이었던 셈이지요.

▲ 밀전병
밀가루로 만든 전병으로 밀가루에 애호박을 섞어서 기름에 지져 초간장에 찍어 먹습니다.

▲ 밀국수
밀가루로 만든 국수로 장국이나 육수를 부은 뒤 채소, 닭고기, 편육 등을 고명으로 얹어 먹습니다.

◆ 추석 (8월 15일) ◆

추석은 8월 보름으로 우리나라의 가장 큰 명절 중의 하나예요. 중추절, 가위, 한가위라고 부르기도 하지요.

한가위는 봄부터 여름까지 가꾼 곡식을 거둬들이는 계절로 보름달을 상징으로 삼는 명절이랍니다. 추석 때의 달은 일 년 중에서 가장 큰 달로 풍요로움을 상징하지요. 이때에는 여러 가지 제물을 만들어 차례를 지내고, 산소에 가서 성묘를 하며 조상에게 감사하는 마음을 갖습니다.

송편이란 이름은 만들 때에 솔잎을 켜마다 깔고 찌기 때문에 붙여진 것이에요. 송편에 솔잎을 깔고 찌면, 떡에서 솔잎 향기가 나서 더욱 입맛을 돋우지요. 뿐만 아니라 솔잎 자국이 자연스럽게 나타나 멋을 더하기도 한답니다.

토란탕은 껍질을 벗긴 토란을 양지머리 국물에 넣어 끓인 국으로 추석의 대표적인 음식 중 하나입니다.

▲ 토란탕
맑은 장국에 토란을 넣어 끓인 국.

▲ 송편
멥쌀가루를 익반죽하여 소를 넣고 모양을 만들어 솔잎을 깔고 찐 떡.

◆동지 (11월)◆

동지는 일 년 중에서 밤이 가장 길고 낮이 가장 짧은 날로, 민간에서는 작은 설이라고도 했습니다.

고대인들은 동지가 지나고나서부터는 낮의 길이가 길어지기 때문에 태양이 죽음으로부터 부활한다고 여기고, 축제를 벌여 태양신에게 제사를 지냈어요.

동지에는 새알 모양의 찹쌀로 만든 떡을 넣은 팥죽을 쑤어 먹었는데, 자기 나이대로 죽 그릇에 새알을 넣어 먹는 풍습이 있었지요.

그리고 팥은 붉은 색을 띠기 때문에 팥죽을 문짝에 뿌리면 귀신이 오지 못한다고 생각하기도 했답니다.

따라서 동지 팥죽은 먼저 사당에 놓아 차례를 지낸 다음 방, 마루, 광 등에 한 그릇씩 떠다 놓고 대문이나 벽에 팥죽을 뿌리고 난 다음에 먹었지요. 또는 동네의 고목에 뿌리기도 했어요.

팥죽을 만들 때는 삶은 팥을 걸러 물을 적당히 섞고 소금으로 간을 해서 큰 솥에 한참 고아요. 쌀을 넣고 퍼지면 새알심을 넣고 다시 쑤어 꿀을 조금 넣고 꺼내는데, 새알심은 팥을 삶은 물과 생강즙을 조금 넣어 빚고, 고을 때 대추를 넣으면 좋답니다.

팥죽을 맛있게 끓이려면 처음에 팥을 빨리 삶아 첫물을 버리고 새 물을 붓고 삶아야 쓴맛이 없어집니다.

새알심은 익반죽하고 푹 삶은 팥을 굵은 체에 걸러서 오래 달이다가 쌀을 넣고 잘 퍼졌을 때 넣으면 되지요.

▲ 동지 팥죽

> 이건 몰랐지? 세계 제일의 대식가는 조선 시대 사람들

　세계에서 가장 밥을 많이 먹었던 사람은 미국인도 영국인도 아프리카인도 아니에요. 바로 우리나라 사람 중에서도 조선 시대 사람이랍니다.

　도대체 얼마나 먹었을까요? 그 양이 자그마치 지금 우리가 먹는 것의 다섯 배라니 정말 어마어마하죠?

　조선 시대에 우리나라를 방문했던 외국의 선교사들은 김치나 간장 한 종지만 놓고 산더미 같은 밥을 뚝딱 해치우는 조선의 여자들을 보고 입을 딱 벌렸어요. 당시의 밥그릇은 지금보다 2배 이상이나 컸을 뿐만 아니라, 그릇에 담긴 부분보다 그릇 위로 올라온 부분이 훨씬 더 많게 밥을 담았으니까요.

　그러면 왜 이렇게 밥을 많이 먹었을까요? 실은 다 이유가 있답니다. 서양인들은 주식으로 칼로리가 높은 고기를 먹기 때문에 조금만 먹어도 금방 배가 부르지만, 조선 시대 사람들은 체력을 유지하는 데 필요한 칼로리를 밥에서 보충해야 했거든요. 반찬이라고 해야 고작 한두 가지뿐이었으니 밥을 많이 먹어야만 에너지를 보충할 수 있었던 거죠. 특히 매일 농사일과 같은 힘든 육체 노동을 해야 했기 때문에 그만큼 많은 열량이 필요했던 거랍니다.

김두한은 어떤 음식을 즐겨 먹었을까?
- 근·현대의 음식 생활 -

근대로 들어서면서 서양 문물이 많이 도입되고, 그에 따라 우리의 식생활에도 여러 가지 변화가 생기게 된답니다. 그 시절에는 어떤 먹거리들이 있었는지, 그리고 또 어떤 음식들이 사람들의 입을 즐겁게 해 주었는지 한번 알아볼까요?

물을 팔던 북청 물장수

우리나라에 최초로 전기가 들어오고 서울에 전차가 다니기 시작할 무렵, 당시엔 수도가 없었기 때문에 사람들은 우물에서 물을 길어 와야 했어요. 더군다나 집집마다 우물이 있는 것도 아니었고 한 마을에 우물이 한 개나 두 개 정도만 있었지요. 그래서 물을 길어 오기 위해 주부들이 무척이나 고생을 했답니다. 특히 우물이 집에서 멀리 떨어져 있거나, 추운 겨울철에는 물을 길어 오기가 더 힘이 들었거든요.

그래서 돈을 받고 물을 길어다 주는 물장수가 생겼답니다.

아침저녁으로 등에 지는 지게로 물을 길어다 주었는데, 물 맛이 좋은 단골 샘터에서 길어다 주곤 했지요. 요즘으로 치면 약수 물을 길어다 준 셈이에요.

물장수 중에는 함경남도 북청 사람이 특히 많았습니다. 북청은 '북청 사자놀이' 라는 전통 놀이로 유명한 곳이지요. 이 북청 물장수들은 매우 부지런한데다가 교육열도 높아서, 자녀들을 일본으로 유학 보내기도 했어요. 그래서 '북청 물장수' 라는 말이 더 유명해졌답니다. 지금이야 집집마다 수도가 있어서 수도 꼭지만 틀면 찬물과 더운물이 콸콸 나오니, 참 편리한 세상이 된 거지요.

추억의 보릿고개

혹시 '보릿고개'라는 말을 들어본 적이 있나요? 보릿고개는 보리가 많이 나는 고개가 아니라, 우리 할아버지, 할머니들의 가슴 아픈 사연이 숨어 있는 말이랍니다.

1945년 일본으로부터 해방된 이후에도 우리 민족은 식량이 턱없이 부족해서 계속 굶주림에 시달려야 했어요.

쌀은 가을에 추수하고, 보리는 가을에 씨를 뿌리기 때문에 이른 여름에 추수를 합니다.

보릿고개란, 지난해 가을에 거둬서 저장해 놓은 쌀이 다 떨어지고 보리는 아직 수확하기 전을 말하는 것으로, 대략 음력 4, 5월을 일컫는 말이랍니다. 새로 심은 보리가 여물지 않아 먹을 게 거의 없어 어렵게 배고픔을 참아가며 힘들게 지내야 했기 때문에 '고개'라고 부르게 된 거랍니다.

우리 할아버지, 할머니는 대부분 이렇게 어려운 생활을 했었어요.

우리가 이런 보릿고개에서 벗어난 것은 30년 정도밖에 되지 않아요.

그렇다면 어떻게 불과 몇 십 년 만에 그 어려운 식량 문제를 해결했을까요?

1970년대 들어서 우리는 큰 경제 성장을 이루게 되었는데, 그때 '통일벼'라는 새로운 품종의 벼가 탄생했어요.

'통일벼'는 하나의 벼에서 많은 쌀을 거둘 수 있는 품종이었지요. 바로 이 벼가 우리 민족을 배고픔에서 벗어날 수 있게 해 준 거랍니다. 그리 맛있는 품종은 아니었지만, 보릿고개를 벗어나게 해 준 고마운 벼지요. 물로 지금은 통일벼보다 훨씬 맛있고 좋은 품종의 벼가 많이 생겼지만 말이에요.

둘이 먹다 하나가 죽어도 모르는 떡!

우리나라는 오래 전부터 떡 문화가 발달했어요. 서양과는 달리 농사를 짓고 살아가는 농경 문화였기 때문에 곡물을 이용해서 만든 떡이 발달했지요.

떡은 주로 돌잔치나 생일잔치, 회갑잔치, 결혼잔치, 제사 등에 쓰이는 음식이었어요. 그러다가 떡 만들기가 쉬워지면서부터 일반 사람들이 간식으로 먹기 시작했지요. 또한 아주 오랜 옛날, 쌀이 부족할 때에는 배고픔을 해결해 주는 주식이 되기도 했답니다.

◆ 떡시루로 쪄먹는 〈시루떡〉 - 백설기 ◆

고사를 지낸다고 하면 흔히 시루떡을 제일 먼저 떠올리지요? 그런데 시루떡 뿐 아니라 '백설기'도 가장 대표적인 시루떡이랍니다. 백설기는 쪄서 만들기 때문에 '찐떡'이라고도 해요.

우리나라에서는 청동기 시대의 유적에서 시루가 발견된 것으로 보아 아마 그때부터 시루떡이 생겼을 거라고 추측하고 있답니다.

특히 고려 시대에는 밤을 넣어서 만든 '밤설기떡'과 감을 넣어 만든 '감떡'이 중국으로까지 수출되었다고 하니, 그 맛이 얼마나 좋았는지 짐작할 수 있겠지요?

▲ 시루떡

▲ 백설기

◆배고프면 집에 가서 빈대떡이나 부쳐 먹지! 〈지진떡〉◆

곡물 가루를 반죽해서 기름에 지져 먹는 떡을 지진떡이라고 해요. '유전병' 이라고도 부르지요. 역사적으로 가장 오래 전에 생긴 떡이랍니다.

빈대떡, 개떡처럼 우리에게 익숙한 모든 떡들이 바로 지진떡이에요.

지진떡을 먹을 때는 계절에 따라 진달래, 배꽃, 국화 등을 넣어서 보기에도 예쁘고 먹음직스럽게 만들기도 했답니다.

▲ 개떡

▲ 빈대떡

◆찰떡궁합과 〈친떡〉 – 쫄깃쫄깃 인절미와 찰떡◆

찰떡궁합이라는 말을 들어 본 적이 있지요? 딱 들러붙어서 안 떨어진다는 뜻인데, 그만큼 떡이 쫄깃쫄깃하다는 말이에요. 떡을 쳐서 만든다고 해서 '친떡' 이라고 부르지요.

인절미, 찰떡 등이 모두 친떡이며, 이 떡들의 공통점은 아주 쫄깃쫄깃하다는 것입니다.

친떡은 곡물 찐 것을 떡메로 내리쳐서 만드는데, 쿵딱쿵딱 떡 치는 소리가 하도 요란해서 이 떡을 만들 때면 동네 사람이 어느 집에서 떡을 하는지 다 알 수 있을 정도였어요.

친떡에는 옛날 신라 시대 때 제 20대 임금인 자비왕의 거문고 선생인 백결 선생의 유명한 일화가 담겨져 있답니다.

김두한은 어떤 음식을 즐겨 먹었을까? 79

◆ 동글동글 한 입에 쏙, 경단 ◆

이번에는 '단자'라는 떡에 대해 알아볼까요? 단자는 찹쌀가루를 반죽해서 새알만한 크기로 동그랗게 빚어, 끓는 물에 삶아 건져 내는 떡이에요. 그 중 경단이 대표적인데, 동짓날에 팥죽을 먹으면 그 안의 동들동글한 떡이 바로 경단이랍니다. 또 추석 때 먹는 송편도 단자의 종류 중 하나예요.

시루떡, 지진떡, 친떡, 삶아 건진 단자떡 등 우리 고유의 떡들은 정말 그 종류가 다양하답니다.

▲ 단자

장군의 아들이 좋아했던 빈대떡

독립군 장군이었던 김좌진 장군의 아들인 김두한은 젊었을 때 빈대떡을 무척 좋아했어요. 그때는 지금처럼 군것질거리가 많지 않았답니다. 빈대떡은 우리나라 고유의 간식이라고 할 수 있지요. 그러면 빈대떡 말고 우리나라 고유의 간식거리로는 또 어떤 것이 있었을까요?

과자와 사탕, '속 빈 강정?'

옛날 우리의 과자는 '과정'이라 불렀어요. 바로 한과를 말하는 것이지요. 과자에도 여러 종류가 있었는데, 꿀에 발라 지져 먹는 유밀과, 즉 약과 같은 것, 예쁜 모양이 새겨져 있는 나무 판에 찍어 낸 후 만들어 먹는 다식, 반죽을 말려서 기름에 튀기면 겉은 부풀어 올라 속이 비게 되는 '강정', 그리고 여러 가지 재료를 꿀에 조린 달콤한 '전과' 등이 있지요.

사탕의 종류는 많지는 않았지만, 고려 시대의 꿀보다 맛있었다는 '백사탕'이 있었답니다.

▲ 깨강정

▲ 쌀강정

시간 가는 줄 모르고 뜯어먹던 말고기 육포

우리나라는 예로부터 육포가 발달했어요. 육포란 고기를 얇게 썰어서 소금 등으로 약간 간을 한 후에 말려서 먹는 음식으로, 요즘의 오징어포, 명태포, 노가리포, 쥐포 등과 비슷하지요. 옛날에는 이런 포보다는 사슴포, 노루포, 산돼지포, 말고기포, 은어포 등이 유명했답니다.

인스턴트 식품 시대

◆ 아이스크림보다 싼 라면 ◆

출출한 배를 가장 손쉽게 달랠 수 있는 방법 중 하나는 바로 라면을 끓여 먹는 것이에요. 라면은 값도 싸면서 누구나 간편하게 끓여 먹을 수 있는 식품이지요. 이렇게 짧은 시간 안에 쉽게 조리가 가능한 식품을 '인스턴트 식품'이라고 합니다.

즉석에서 해 먹을 수 있다는 의미에서 '즉석 식품'이라고도 한답니다.

그럼, 가장 대표적인 인스턴트 식품인 라면은 우리나라에 언제 들어왔을까요? 일본인이 처음 개발한 라면이 우리나라에 들어온 것은 1963년이에요.

그때만 해도 우리나라는 가난한 나라 중의 하나였지요. 한국전쟁 이후로 경제를 다시 살리기 위해 한창 땀흘려서 일하던 시절이었으니까요.

처음에 라면은 식량 부족 현상을 극복하기 위한 대비책이었어요. 그래서 처음 나온 라면이 닭고기 국물 맛을 내는 '치킨탕면'이었지요. 지금은 여러 회사가 훌륭한 품질의 맛 좋은 라면을 많이 생산하고 있는데, 그 맛이 너무 좋아서 라면의 고향인 일본에서도 한국을 방문하면 김치와 함께 라면을 찾는다고 해요.

이제 세계 어느 곳에 가더라도 한국의 라면을 찾는 것은 그리 어렵지 않게 되었답니다.

▲ 라면

◆ 동글동글, 피자 ◆

옛날 이탈리아의 나폴리에는 '모레툼'이라는 빵이 있었어요. 이 빵은 불판에 납작한 밀가루 반죽을 올려서 구운 것으로, 양파와 곁들여 먹는 음식이지요. 이 '모레툼'이 점차 발전하면서 피자가 탄생하게 된 거랍니다.

하지만 피자가 오늘날의 모양을 갖추게 된 것은 미국에서 토마토가 건너온 한참 후인 1700년대였어요. 밀가루 반죽을 넓게 펴고 둥근 막대기나 손바닥으로 눌러서 둥글고 얇게 편 후, 그 위에 치즈나 토마토 등의 재료들을 얹어 기름을 바른 다음, 불 위에 올려놓고 요리합니다. 우리나라에서는 처음엔 냉동 피자가 수입되어 팔리다가, 1985년을 전후해서 피자 전문점이 생기기 시작했답니다. 그 이후로 빠른 속도로 인기를 끌게 되면서 지금에 이르게 된 거랍니다.

▲ 피자

◆ 아이스크림과 초콜릿 ◆

이번에는 시원하고도 달콤한 아이스크림에 관해서 알아볼까요?

우리나라에서는 1960년경에 아이스크림이 처음 등장했어요. 공장에서 대량으로 아이스크림을 생산해 내는 것이 아니라, 동네 제과점 같은 데서 하루에 수십 개씩 만들어서 팔았지요. 보통 설탕 가루에 물을 넣어 얼린 것이거나, 과일 주스 가루를 물에 풀어서 얼린 것이었습니다. 여기에 파랗거나 빨간 인공색소를 넣어서 보기 좋게 꾸몄지요. 지금 같으면 별로 맛도 없는 불량 식품 취급을 당했겠지만, 그 당시에는 없어서 못 팔 정도로 대단한 인기를 끌었답니다.

무더운 여름철이면 시원한 얼음과자를 한 번만 먹어 보는 게 소원인 어린이도 많았지요.

아이스크림은 두꺼운 통에 얼음을 깨 넣어 만든 냉동 가방 속에 넣어서 사람이 어깨에 메고 다니며 팔았는데, 그 당시에는 아이스크림이라는 말 대신 '아이스케키'라고 불렀습니다. 그래서 여름철이면 동네마다 "아이스케키!"라고 외치는 소리를 쉽게 들을 수 있었지요. 그러다가 1971년에 처음으로 자동 시설을 갖춘 기업이 생기면서 아이스크림이 본격적으로 대량 생산되었답니다.

> **이건 몰랐지?** 초콜릿 백 알이면 노예 한 명을 샀다!

여러분이 좋아하는 초콜릿은 지금으로부터 약 4000년 전에 처음 생겼어요. 남아메리카의 아즈텍 문명 시대부터 있었는데, 그때의 사람들은 초콜릿을 늙지 않는 '불로장생'의 약으로 알고 있었지요. 물론 그때의 초콜릿 원료는 지금과는 다른 '카카오 빈'이었답니다.

초콜릿은 지금으로부터 약 500년 전, 에스파냐의 장군이 아즈텍에 상륙하면서부터 유럽으로 전파되기 시작했는데 이때도 카카오 빈은 매우 귀한 피로 회복제로 인정받아 엄청나게 비싼 음식이었습니다. 그래서 카카오 빈은 마치 돈처럼 쓰이기도 했어요.

카카오 빈 열 알이면 토끼 한 마리, 백 알이면 노예 한 명을 살 수 있었답니다. 지금의 초콜릿과 비슷한 맛과 모양으로 바뀐 건 150년 전쯤이랍니다.

이젠 밥도 슈퍼에서 사먹는 시대

우리가 매일 먹는 밥상을 떠올려 볼까요? 식탁 위에 밥이 있고, 국이나 찌개가 있고, 김치도 있고 또 고기, 야채, 나물, 김, 젓갈 등 여러 가지 반찬들이 놓이지요. 그리고 물도 있고 밥을 다 먹고 나면 과일이나 수정과, 식혜 또는 요구르트 등 맛있는 후식이 준비되어 있을 때도 있지요.

잘 살펴보면 엄마가 직접 만든 음식도 있지만 시장이나 슈퍼에서 사 온 것들도 꽤 있어요. 국도 즉석국으로 만들고, 슈퍼에서 산 김과 김치에 물도 집으로 배달되는 생수이며, 반찬도 시장에서 사 온 것일 때가 있지요.

이렇듯 우리나라 밥상에는 1980년대 중반을 넘기면서 가공식품이 등장하게 됩니다. 이미 그 전에도 햄 같은 가공식품이 있긴 했었지만 가공식품이 본격적으로 연구된 것은 바로 이때부터랍니다.

김치를 만들어서 파는 기업이 생기고, 기름칠에 구워져 있는 김을 사서 먹

기 시작하고, 갖가지 반찬들도 냉동 제품으로 만들어져 나오게 되었지요.

그 전까지는 외국에서 먼저 발달되어 있던 육가공 제품, 냉동 제품 그리고 만들어진 음식물을 변하지 않게 잘 보관해 놓는 통조림 중심의 가공식품이었어요. 그런데 이런 가공식품들은 1990년대에 들어 더욱 눈부신 발전을 하게 된답니다.

북어국, 미역국, 육개장, 조개국 같은 국도 2, 3분 만에 바로 끓여 먹을 수 있는 즉석국 종류가 나왔고, 이미 재료가 다 준비되어 있어 끓이기만 하면 되는 매운탕, 해물탕, 그리고 조리가 다 되어 있어 데워 먹기만 하면 되는 탕수육, 볶음밥, 카레라이스 같은 요리들도 생겼지요. 게다가 갖가지 반찬들을 사 먹을 수도 있게 되었어요. 그리고 몇 개월을 놔두어도 쉬거나 변하지 않는 밥까지 만들어서 팔게 되었어요. 예전에는 정말 상상도 할 수 없었던 일이지만 이게 모두 눈부시게 발전하는 현대 과학 덕분이죠. 이제 앞으로는 어떤 것이 만들어져서 나올까요?

처음에는 가공식품들 속에 음식의 부패를 막는 방부제를 넣어서 팔았는데, 이 방부제가 사람 몸에 좋지 않다는 점이 지적되면서 지금은 방부제의 사용도 크게 줄어들었어요. 방부제를 넣지 않고도 음식의 맛을 오래 보존할 수 있는 기술이 발달하게 되었으니까요.

이제 엄마 아빠가 며칠 동안 여행을 떠나셔도, 밥 걱정은 안 해도 돼요. 여러분 스스로 얼마든지 식사를 만들어 먹을 수 있겠지요? 밥과 국 그리고 반찬, 게다가 맛있는 후식까지, 냉장고에서 꺼내 전자레인지에 넣고 단추만 누르면 뚝딱이니까요. 하지만 아무리 맛있는 음식이라고 해도 엄마가 직접 만들어 주시는 음식 맛을 따라올 순 없어요. 그 음식 속엔 엄마의 사랑이 스며 있기 때문이에요. 엄마의 사랑이 스며 있는 음식, 세계 최고의 요리도 이것만큼 맛있을 순 없을 거에요.

불고기피자, 김치햄버거, 갈비버거, 고추장햄의 인기

요즘은 아주 독특한 음식들을 많이 볼 수 있어요. 피자에 불고기를 얹거나 햄버거 사이에 김치밥을 넣은 것, 심지어는 햄에 고추장을 살짝 섞어서 맵게 만든 것 등 전에는 구경할 수 없었던 특이한 음식들이 많이 팔리고 있지요.

음식점에도 외국의 요리와 우리나라의 전통 재료들을 섞어서 만든 이색적인 음식들이 많이 등장하고 있어요. 또 미국에 가 보면 멕시코, 태국, 베트남,

김두한은 어떤 음식을 즐겨 먹었을까?

중국, 일본 등 외국의 전통 음식들에 미국식 소스가 더해져서 나오는 요리들을 쉽게 볼 수가 있어요.

이렇게 서로 다른 나라의 전통 음식들을 섞어서 만들어 내는 요리를 '퓨전 요리'라고 합니다. 왜 이런 음식들이 생겨 사람들에게 인기를 끄는 것일까요? 그것은 바로 활발한 문화 교류 때문이지요. 사람들은 해외여행을 통해 다른 나라의 음식을 먹게 되고, 사람들끼리의 만남을 통해 서로의 나라에 대한 음식 이야기를 나누며 정보를 교환하지요. 그러다 보면 자연스럽게 각 나라의 음식에 대한 정보가 세계 곳곳으로 퍼져 나가게 되는 거죠.

우리나라에 처음 피자나 스파게티가 들어왔을 때만 해도 대부분의 사람들이 "맛이 왜 이렇지?" 하면서 싫어했답니다. 하지만 지금은 그렇지 않죠? 이렇게 낯선 음식도 나라에서 나라로 전해지면서 익숙해지게 되는 것입니다.

▲ 햄버거

김치도 퓨전 요리

이렇게 다른 나라의 음식 맛에 익숙해지고 나서 사람들은 자기 나라의 음식 맛에 다른 나라의 맛을 섞어 보면 어떨까 하는 생각을 하게 되었어요. 그래서 '퓨전 요리'라는 것이 탄생하게 된 거랍니다.

우리나라가 자랑하는 전통 식품인 지금의 김치도 알고 보면 퓨전 요리랍니다. 원래의 김치에 임진왜란 때 들어온 고추가 합쳐져서 만들어진 음식이니까요. 고추는 멕시코의 작물이니까 김치도 결국 그 당시의 '퓨전 요리'라고 할 수 있겠지요?

국경 없는 음식 시대

퓨전 요리의 인기는 앞으로도 계속 될 거예요. 국제화 시대가 열리고 외국과의 접촉이 늘어나면서 외국 음식을 맛볼 수 있는 기회도 늘어가니까요. 외국 음식의 맛에 익숙해지면서 음식의 국경도 없어지는 거죠. 마치 우리나라 안에서도 지역색이 강한 경상도 음식, 충청도 음식, 전라도 음식, 강원도 음식 등이 이제는 누구나 맛있게 먹을 수 있게 된 것처럼 말이에요.

앞으로는 가까운 슈퍼에서 손쉽게 여러 나라의 음식을 사 와 집에서도 보다 다양한 종류의 이탈리아 음식, 일본 음식, 미국 음식, 프랑스 음식 등을 만들어 먹는 시대가 될 거예요. 우리는 이미 오래 전부터 집에서 샌드위치, 햄버거, 자장면, 우동, 카레 등의 외국 음식을 쉽게 먹고 있으니까 말이에요.

> **이건 몰랐지?** 아이스크림은 어느 나라에서 시작되었을까?

특히 여름이면 맛있게 먹는 아이스크림은 우유에 설탕과 여러 가지를 넣어서 차갑게 얼린 식품을 말하죠. 그러면 언제, 어디에서 처음으로 아이스크림을 만들어 먹었을까요?

아이스크림을 만들려면 냉장고가 있어야 하니까 그리 오래 전은 아닐 거라고요? 그건 천만의 말씀이랍니다.

아이스크림은 지금으로부터 약 5천 년 전, 그러니까 기원전 3천 년 전쯤 중국에서 처음 먹기 시작했어요. 어떻게 아이스크림을 만들었냐고요? 꿀이나 과일즙 같은 것을 눈이나 얼음에 섞어서 얼린 후에 먹었답니다. 또 공자가 살던 시대에는 석빙고(돌로 두껍게 만든 얼음을 보관하는 창고로 지금의 냉장고 같은 것)에 얼음과 눈을 보관해서 더운 여름에도 아이스크림을 먹었다고 해요.

서양에서는 알렉산더 대왕 시절부터 아이스크림을 만들어 먹었다고 하니까 동양이 서양보다 2500년 이상 빨랐다고 볼 수 있어요.

지금과 비슷한 형태의 아이스크림이 만들어진 것은 지금으로부터 약 150년 전인 1851년 미국에서 아이스크림 공장이 생기면서부터랍니다.

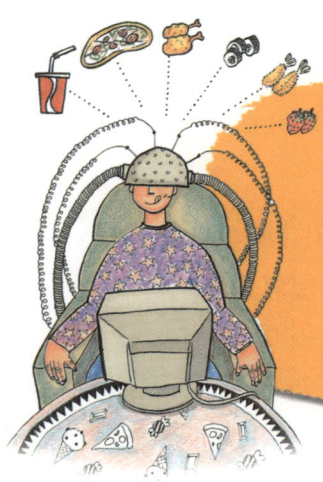

메텔은 어떤 음식을 먹고 살까?
- 미래의 음식 생활 -

이제 미래의 음식에 대해서 생각해 볼까요? 과연 미래에는 우리가 어떤 음식을 먹게 될까요? 계속 지금과 같은 음식을 먹고 살까요?

세계의 식량 위기

1999년 10월 12일 세계 인구는 드디어 60억을 넘어섰어요. 1804년 약 10억 명에 불과했던 세계 인구는 123년 만인 1927년에 2배로 늘었고, 1960년에는 30억 명을 돌파했다가 그 후 40년도 되지 않아 다시 2배인 60억 명에 도달하게 된 거죠. 이렇게 인구가 많아지면 어떤 일이 생길까요?

인구가 갑자기 늘어났을 때 가장 문제가 되는 것은 바로 식량 문제예요.

먹을 것은 한정되어 있는데 사람이 많아지면 당연히 굶는 사람이 생기게 되는 거죠. 특히 개발도상국의 인구 폭발은 환경오염과 빈곤의 문제를 동시에 발생시키겠지요. 지금 현재 세계 인구의 $\frac{1}{6}$인 약 10억 명의 인구는 깨끗한 물, 충분한 음식, 주택, 교육, 직장, 위생 문제 등으로 고통받고 있답니다. 이 중에서도 특히 심각한 문제가 바로 식량과 물 문제예요.

여러분도 텔레비전을 통해 북한이나 아프리카 소말리아, 에티오피아 등의 많은 사람들이 굶어서 뼈만 앙상하게 남은 모습을 많이 봤을 거예요. 앞으로 이런 식량 문제를 해결할 수 있는 특별한 것이 개발될까요? 그리고 우리는 과연 미래에 무엇을 먹고 살게 될까요?

캡슐밥 한 알로 한 달을 버틴다?

캡슐 속 알약 같은 음식을 하나만 먹고도 한 달 정도 음식을 안 먹어도 배가 안 고프다면 참 편리하겠지요? 화장실 가는 시간도 훨씬 줄어들고 말이에요. 그리고 엄마가 부엌에서 일하는 시간도 많이 줄어들 거예요. 무엇보다도 세계 각 나라에서 배고픔 때문에 고통받는 사람도 없게 될 테니 정말 좋겠지요?

공중 음식과 사이버 별미식의 등장

공중 음식이라고 해서 공중에 떠다니는 음식을 말하는 게 아니라, 공중 전화, 공중 화장실, 공중 수도 등과 같이 어디서라도 배고프면 마음껏 허기를 채울 수 있는 음식을 말하는 거예요. 물론 무료로 말이에요.

나라에서 만든 음식일 테니, 사람들은 굶지 않기 위해 억지로 돈을 벌거나 회사를 다닐 일은 없겠지요? 다른 여가 생활을 한다거나, 돈을 벌기 위해서가 아닌 자기의 즐거움과 보람을 위해서 일하는 사람이 많아질 거예요.

음식은 배고픔을 해소하기 위해서만이 아니라, 혀에서 느끼는 맛을 즐기기 위해서 먹기도 해요. 그렇다면 캡슐 음식, 공중 음식으로 배고픔을 해결한다 쳐도, 맛을 즐기는 것은 어떻게 해야 할까요? 그건 바로 컴퓨터를 통해서, 아니면 사이버 전문점에 가서 즐기게 될지도 몰라요. 컴퓨터에서 전달받은 자극이 진짜 맛있는 음식을 먹는 것과 같은 느낌을 줄 테니까요. 그럼 짧은 시간 안에 세계 곳곳의 유명한 음식 맛을 즐길 수 있겠지요. 그러면 밥을 파는 음식점이나 집안의 부엌은 없어지게 될까요?

멋으로 즐기는 맛, 사회적 지위로 즐기는 맛

하지만 캡슐 음식 하나로 모든 배고픔이 사라진다 해도, 음식점이나 부엌이 없어질 일은 없을 거예요. 왜냐 하면 사람들이 음식을 먹는 것은 배고픔을 없애는 것과 맛을 즐기는 것 말고도 하나의 이유가 더 있거든요.

바로 '정신적인 만족'을 위해서랍니다. 생활에 여유가 생겨서 배고픈 단계를 지나게 되면 여러 사람과 대화를 나누고 사귀기 위해서, 멋을 위해서, 별미를 맛보기 위해서 끓이고, 볶고, 지지고, 삶고, 굽고, 튀기는 등 사람의 손이 일일이 가는 음식을 찾게 됩니다. 그래서 사람의 손이 많이 간 음식일수록, 천연 재료를 많이 사용한 음식일수록 음식값은 더욱 비싸지게 될 거예요.

향수로 즐기는 음식, 끄떡없는 음식점들

대부분의 사람들은 어렸을 때 먹어 본 음식 맛을 잊지 못하는 경향이 있어요. 똑같은 음식이라도 어렸을 때 먹어 본 음식 맛은 더 좋았던 것으로 느껴지고, 그 맛을 그리워하게 되지요. 아빠가 어렸을 적에 먹었던 된장찌개가 제일 맛있었다는 둥, 어머니께서 해 준 볶음밥이 지금까지 최고라는 둥, 처음 맛봤던 피자 맛을 잊지 못한다는 둥의 이야기를 들어 본 적이 있지요?

이런 것을 '처음 있던 자리로 되돌아가고 싶어하는 성향'이라는 뜻으로 '귀소본능'이라고 합니다. 하늘을 멀리멀리 날던 새도 저녁이 되면 자신의 보금자리로 되돌아가는 것처럼 말이에요. 그래서 이 귀소본능, 즉 향수 때문에라도 사람들은 캡슐 음식에 100프로 만족할 수 없을 것이며, 계속 음식점을 찾게 될 거예요.

이건 몰랐지? 커피가 약이다?

　앞에서도 말했듯이 우리나라에서 처음으로 커피를 마신 사람은 1895년, 조선 시대의 고종 황제로, 우리나라에 있던 러시아 공사관에 머물렀을 때 마셨어요. 그 후 독일에서 온 손탁 여사가 서울의 정동에 커피숍을 열면서 일반 사람들도 커피를 마시기 시작했지요.

　1910년에는 지금 서울의 광화문 세종문화회관 근처에서 '부레상'이라는 프랑스 사람이 땔나무를 팔고 있었어요. 이때는 요즘의 기름이나 연탄 역할을 하던 땔감을 사고팔던 시절이었거든요. 그 사람은 커피를 끓여 보온병에 넣어 갖고 다니면서 땔나무 장사꾼들에게 따라 주었다고 해요. 그래서 사람들로부터 많은 인심을 얻었는데, 그때는 '커피'라고 하지 않고 '서양 사람들이 만든 탕국'이란 뜻으로, '양탕국'이라고 불렀답니다.

　처음에 커피를 마신 것은 지금처럼 향을 즐기려고 마신 게 아니었어요. 원래 커피는 잠을 쫓기 위해 마셨던 '약'의 역할을 했었지요. 5백여 년 전, 이슬람의 신도들도 밤 기도 시간에 졸지 않으려고 커피를 마셨다고 해요.

　그러다가 아랍인들은 점점 커피의 향을 좋아하게 되었고, 평상시에도 즐겨 마시는 음료가 된 거랍니다.

'밥이 약이다' 약과 음식의 결합

어른들 말씀에 '밥이 제일 좋은 약이다.'라는 말이 있죠? 미래에는 그 말이 그대로 실현됩니다. 건강을 지켜 주는 영양밥, 영양 음식이 나와서 그 음식을 먹으면 몸이 좋아지는, 보약 같은 음식이 많아질 테니까요. 그렇게 되면 비타민제를 따로 먹거나 보약을 지어서 먹을 필요가 없어지는 거지요.

그리고 질병에 걸렸을 때에도 구태여 약을 사 먹을 필요도 없게 될 테고요. 감기에 걸린 사람은 감기 음식, 몸살에 걸린 사람은 몸살 음식, 당뇨병에 걸린 사람은 당뇨 음식, 그리고 암에 걸린 사람은 암 음식을 먹게 되는거죠. 또 비만인 사람은 다이어트 음식을 먹게 되는데, 정해진 대로만 먹으면 살이 쭈욱 빠지겠지요. 몸에 해롭지도, 영양이 부족하지도 않은 그런 음식이어야겠지요. 또 키 크는 음식을 먹으면 키도 쑥쑥 크게 될 거예요. 뿐만 아니라 눈이 좋아지는 음식, 피부가 고와지는 음식, 목소리가 고와지는 음식, 공부 잘하게 되는 음식, 그림을 잘 그리게 되는 음식 등 언제든지 필요한 음식을 선택해서 먹기만 해도 된다면 정말 좋겠지요?

진시황제의 불로장생 음식이 실현된다!

옛날 중국의 진나라를 세운 진시황제라는 임금이 있었어요. 바로 그 유명한 만리장성을 쌓도록 지시한 사람이죠. 진시황제는 모든 것을 자기 마음대로 할 수 있는 권세를 갖고 있었지만, 자신의 몸이 늙어가는 것은 마음대로 할 수가 없었지요. 그래서 많은 관리들을 여러 지방으로 보내서 늙지 않고 오래오래 살 수 있는 약을 구해 오도록 명했지요. 하지만 어느 누구도 그런 약을 구해 올 수는 없었답니다.

그런데 미래에는 그런 불로장생 약이, 약이 아닌 음식으로 가능하게 될지도 몰라요. 몸 속의 유전자에 대한 정보를 정확히 알 수 있기 때문에 어떤 특정한 성분을 갖고 있는 음식을 먹으면 평생 늙지 않고 젊은 모습으로 오래오래 살 수 있게 되는 것이 가능할지도 모른다는 얘기예요. 그때가 되면 100살, 120살은 오히려 젊은 축에 들게 될지도 모르겠지요. 300살, 400살까지 사는 사람이 생길지도 모르고요. 그러면 겉으로 봐서는 누가 더 어른인지, 누가 아버지인지 모를 수도 있고, 한 집에 고조 할아버지까지 함께 사는 집도 많아지겠지요.

화성 스테이크, 달 음료의 등장

지구의 환경은 하루가 다르게 심각하게 악화되고 있어요. 그럴수록 사람들은 공해와 오염으로부터 벗어나고 싶은 생각이 간절하게 될 테고, 음식에서만이라도 자연과 가까운 것을 원하게 되겠지요.

그때 등장하는 것이 바로 지구 옆의 행성에서 만들어진 음식들이랍니다. 화성의 얼음을 녹여서 만든 음료수, 화성에서 재배한 작물이나 가축으로 만든 음식물, 또 달에서 요리한 음식들이 매우 비싼 값에 팔리게 될지도 몰라요. 어쩌면 목성이나 토성에서 만든 음식이 인기를 끌지도 모르고요.

하지만 그때 가서 오염되지 않은 화성 음식을 먹는다 해도, 지구의 환경이 오염되어 있다면 아무 소용이 없어요. 지금부터라도 우리 모두 힘을 합해서 우리의 삶의 터전인 지구의 환경을 지켜야겠지요?

> 이건 몰랐지? 마야족이 껌을 씹었다.

지금으로부터 1800여 년 전 멕시코 산악지대에는 문명이 발달된 도시가 있었어요. 바로 발달된 건축 기술과 문화로 크게 번성해서 유명했던 마야 문명이지요. 그런데 마야족이 껌을 씹었다는 사실, 알고 있나요?

2세기경 멕시코의 마야족 동굴 벽화를 보면 무언가를 씹는 모습이 그려져 있었어요. 마야족은 '사포딜라'라는 나무에서 흘러 나오는 단단한 수액을 씹으며 즐기던 습관이 있었는데 바로 이 모습을 그린 그림이지요. 여기서 단단하게 굳은 수액이 바로 '치클'이라는 것인데 이것이 껌의 시초가 되었답니다.

마야족이 멸망한 이후로는 아메리칸 인디언들에 의해 전해져 왔답니다.

오늘날의 껌과 같은 제품은 1880년대 미국의 토마스 아담스가 만들었는데, 멕시코에서 자라나는 사포딜라 나무의 치클을 뜨거운 물 속에 넣어 부드럽게 만든 후 손으로 동그랗게 반죽해서 만들었습니다.

그렇다면 풍선껌은 언제 생겼을까요? 풍선껌은 1928년에 만들어졌어요. 맛도 있고 재미도 있어서 대단한 인기를 끌었지요.

한국에서 껌이 최초로 소개된 것은 1950년 한국전쟁 이후 미군을 통해서랍니다.

새롭게 읽는 좋은 우리 고전

고전 속에서 발견하는 우리 조상들의 삶과 지혜

지나치게 컴퓨터에 의존하는 생활을 하다보니 정신적인 면을 채울 시간이
아주 부족한 우리 아이들에게 특히 고전 읽기는 매우 중요하다고 생각합니다.
따라서 고전의 진수만을 골라 뽑아,
오늘날에 맞게 새롭게 엮은 청솔의 우리 고전 시리즈야말로
사이버 세대인 요즘 우리 아이들이 반드시 읽어야 할,
부족한 정신을 넉넉하게 채우는 데 꼭 필요한 책이라고 생각합니다.

이 부 영
좋은 우리고전 편집위원
서울 고일초 교사, 한양대 사회교육원 강사, 어린이 문화비평가

❶ 장화홍련전 · 흥부전 초록글연구회 엮음/송진희 그림
❷ 허생전 · 양반전 박지원 지음/초록글연구회 엮음/황문희 그림
❸ 심청전 · 춘향전 초록글연구회 엮음/신영은 그림
❹ 사씨남정기 김만중 지음/초록글연구회 엮음/박향미 그림
❺ 박씨전 · 인현왕후전 초록글연구회 엮음/강효숙 그림
❻ 토끼전 · 두껍전 초록글연구회 엮음/송진희 그림
❼ 목민심서 정약용 지음/초록글연구회 엮음/이희탁 그림
❽ 홍길동전 허균 지음/초록글연구회 엮음/윤정주 그림
❾ 삼국유사 일연 지음/초록글연구회 엮음/한창수 그림
❿ 열하일기 박지원 지음/성나미 엮음/성나미 그림
⓫ 삼국사기 김부식 지음/초록글연구회 엮음/김태현 그림
⓬ 구운몽 김만중 지음/고향란 엮음/한창수 그림
⓭ 금오신화 김시습 지음/고영숙 엮음/정병식 그림

· 각권 값 7,000원
· 계속 출간됩니다!

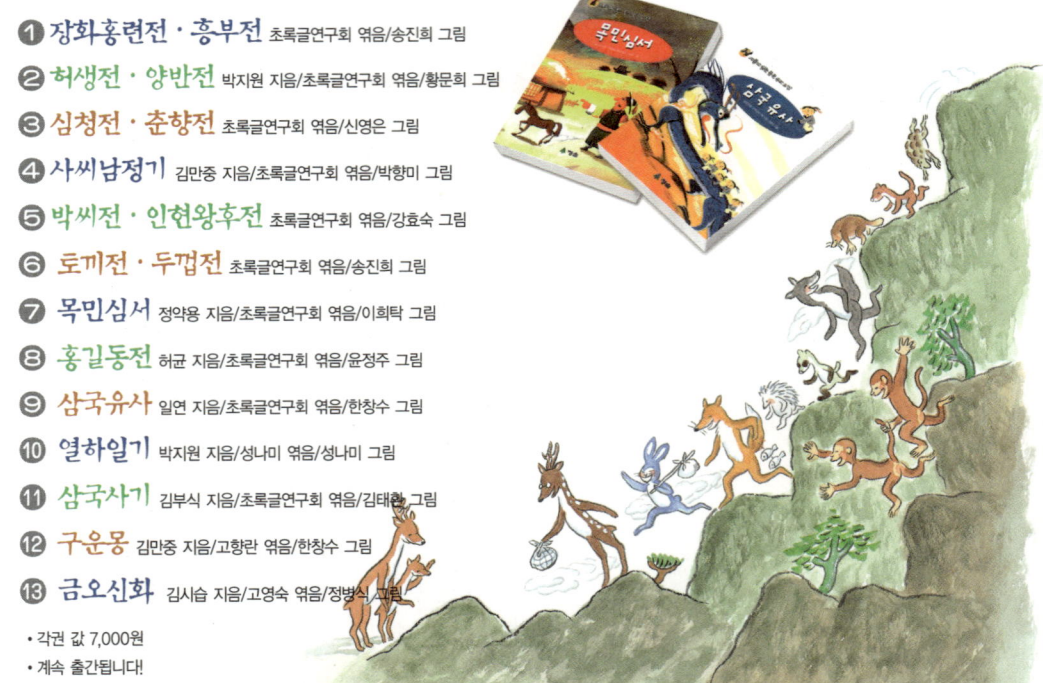

신비한 역사와 문화
세계 문명 이야기

어린이들에게 세계 문명의 발생과 발달 과정, 고고학과 탐험에 대해 생각하게 하는 책. 인류가 어떻게 이 땅에 뿌리를 내리고 다양하고 위대한 문화를 이룩했는지, 많은 컬러 화보와 흥미진진한 이야기로 살펴볼 수 있다.

간행물 윤리위원회 선정도서

이집트 사람들은 어떻게 살았을까?

이집트 사람들이 어떻게 위대한 문명을 일구었고 자연과 조화를 이루면서 삶의 터전을 이룩했는가가 재미있게 설명되어 있는 책!

하워드 카터 지음 / 이혜경 엮음 / 오성봉 그림

한국 출판인회의 '이달의 책' 선정

마야 사람들은 어떻게 살았을까?

중앙아메리카에서 뛰어난 문화를 키우다가 정복자들에 의해 흔적도 없이 파괴되어버린 마야 문명. 이 수수께끼를 풀어가는 탐험가들과 역사가의 흥미진진한 문명 탐험 이야기.

존 로이드 스티븐스 지음 / 이혜경 엮음 / 오성봉 그림

잉카 사람들은 어떻게 살았을까?

15세기부터 16세기 초까지 남아메리카의 중앙 안데스 지방을 지배한 고대제국 잉카의 역사와 문화 이야기가 그려져 있다.

베르트랑 플르노와 지음 / 이혜경 엮음 / 오성봉 그림

한국 출판인회의 '이달의 책' 선정

앙코르 사람들은 어떻게 살았을까?

앙코르 문명의 대표적인 유산은 캄보디아 서북부에 있는 앙코르와트. 뛰어난 문명을 가졌던 문화와 생활 그리고 그 유적을 찾아 떠나는 사람들의 이야기가 흥미 있다.

로버트 J. 케시 지음 / 이혜경 엮음 / 최민주 그림